瑜伽天后
LULU瘦身美学

How to
Keep Shape & Build
Your Perfect
Sexy Body With
Yoga

Lulu

LULU 著

Queen of Slim Yoga

胖公主13年塑身心得集结×破解13大难瘦部位

广西科学技术出版社

著作权合同登记号：桂图登字：20-2010-120
简体中文版由趋势文化股份有限公司授权广西科学技术出版社出版发行
未经授权，不得以其他形式使用

图书在版编目（CIP）数据

瑜伽天后LULU瘦身美学/ LULU著.—南宁：广西科学技术出版社，2010.7
ISBN 978-7-80763-494-2

Ⅰ.① 瑜… Ⅱ① L… Ⅲ.瑜伽术—减肥—基本知识 Ⅳ.① R214

中国版本图书馆CIP数据核字（2010）第087943号

YUJIA TIANHOU LULU SHOUSHEN MEIXUE
瑜伽天后LULU瘦身美学

作　　者：LULU
责任编辑：孟　辰　蒋　伟　　　　　封面设计：卜翠红
责任校对：田　芳　曾高兴　　　　　装帧设计：1/2 Studio
责任审读：张桂宜　　　　　　　　　责任印制：韦文印

出版人：何　醒　　　　　　　　　　出版发行：广西科学技术出版社
社址：广西南宁市东葛路66号　　　　邮政编码：530022
电话：010-85893724（北京）　　　　0771-5845660（南宁）
传真：010-85894367（北京）　　　　0771-5878485（南宁）
网址：http://www.gxkjs.com　　　　 在线阅读：http://www.gxkjs.com

经销：全国各地新华书店
印刷：北京华联印刷有限公司
地址：北京经济技术开发区东环北路3号　邮政编码：100176
开本：889mm×1194mm　1/24
字数：150千字　　　　　　　　印张：8
版次：2010年7月第1版
印次：2010年7月第1次印刷
书号：ISBN 978-7-80763-494-2/R·124
定价：39.00元

目录/ *Contents* ....

LULU老师自序

瘦身，应该是件有趣的事

自从我成立了瑜伽教室以来，好多学生纷纷询问瘦身的秘方以及平衡激素的方法。说真的，我不是医生、营养学家或生理学家，但是我有十足的经验及把握谈瘦身，因为我曾受肥胖所苦十几年，我太了解一直因为超重挣扎的滋味、没有自信的痛苦、不喜欢自己的感觉。不过，感谢上帝让我用健康的生活方式找回美丽与自信！瘦身第一步是要懂得爱自己的身体。我常常看到许多小女生为了减肥无所不用其极，把自己的身体当实验品，尝试了许多可怕的减重方法，也花了许多冤枉钱，身体搞坏了还是没能瘦下来，真是人财两失！

在上一本书《露露胖公主变身记》里，我鼓励大家用健康的方法减重，现在这本《瑜伽天后LULU瘦身美学》中加入了许多运动减重原理，主要是大家比较陌生的肌肉解说。希望大家不要只是一味地运动，如果你对自己的每一块肌肉有多一层的了解，你会发现瘦身是一件有趣的事，而不再只是病急乱投医。

我了解身为现代女性的难处，许多上班族背负着沉重的工作压力，如果是已婚的熟女还得要考虑维持家计，照顾先生、小孩等大小问题，我也是如此。

还记得刚生完乐乐一个月后我就开始工作，那时最痛苦的事就是工作前的挤奶，因为每3个钟头我就必须挤一次母奶，而我产后的第一个工作就是瘦身内衣的活动，我必须要让自己的身形维持在一定的状态，才能够穿上瘦身衣！

在寒风飕飕的冬天我带着挤奶器跑了好几场活动，在多方努力之下，我在生产完三个月内就让身材完全恢复了，但整个过程十分辛苦！因为在兼顾家庭、孩子和工作的同时，想办法让自己一直保持美丽的体态，出现在荧屏前，本来就不是一件容易的事。

在此，我为每一位辛苦的女性加油，也通过此书祝福每一位妈妈、老婆、姐姐、妹妹、阿姨、奶奶，让我们成为美丽又有自信的女人，不要再被沮丧或忧愁打败，一起加油！加油！加油！

Luly

Chapter 1

你敢吗?
秀出性感好身材是道德的
Dare To Show Your Sexy Body
你是敢穿无袖背心、露背装、性感短裙、低胸洋装、贴身one piece吧？

身材大检验的女人战场

只要是女生，没有不爱美、不想变美的！

很多时候，确实再瘦下来一点点会让我们穿起衣服来更好看，自己也觉得精神很多。因此，现在每个女人最关心的话题都不外是体重、身材和皮肤，大家开始对自己身上的肥肉和肿胀变形的曲线斤斤计较起来了！

是的，冬天的时候，我们还可以借助厚重的大衣、宽大的外套、厚质料的长洋装、裤装、毛衣、夹克等来遮掩发胖不完美的身材，但是，你总有脱衣服的时候吧？你也总会遇到夏天吧？

夏天一到，满街漂亮性感的衣服鞋子都出笼了！缤纷又亮丽，是不是每件衣服都很想套上身，每双性感的凉鞋都很想拿起来试一试？你一定也很希望自己能有一副不怕被检验的好身材。

但是，如果你不幸看起来虎背熊腰，有着蝴蝶袖、凸小腹、大屁屁、水肿的双足、粗大的脚踝……这时再怎么用尽心机也很难遮得住，你只能羡慕其他女生展现她们的美丽，心里一定很不是滋味！

Before
v.s.
After

露露胖公主
瘦身記

LuLu

"我也好想穿喔！如果我的手臂再瘦一点，如果我的腰再细个几厘米，如果我再减掉7~8kg的话，应该就能穿得下了！"

以前，LULU老师曾经胖到将近70公斤！（有图为证）我也曾非常自卑，不敢谈恋爱（事实上是没人敢追我），跳舞也被人笑是胖天鹅，总觉得每个人都在注视着我肥胖臃肿的身体，暗自在心里耻笑我！

相信看过我上一本书《露露胖公主变身记》的读者，一定很熟悉我过去长达7年的减肥血泪史有多的惨烈！如果你们看过我以前的照片，你们就会明白那一段日子对我来说像噩梦一样！而你再看看早已成功瘦下来的我，不仅是瘦而已，身材也变得更好了！该凸、该翘、该有女人味的曲线，就算生完孩子后也没有变形走样！

我是怎么做到的？其实一点都不难，瑜伽、饮食、瘦身辅助品，主要是这3种。此外，多做一些对丰胸瘦身很有效的穴道按摩、上班族最爱的懒人运动，都可以让你减肥减得既愉快又安全喔！

瑜伽真的能瘦身吗？

　　相信你们看完这本"瘦身、塑身的圣经"之后，对于"减肥不是梦"这句话一定会有更多的信心和更深的体会！

　　很多女生报名上瑜伽课的目的都是想要减肥。因此，常常有人问LULU老师："瑜伽真的可以瘦身吗？"

　　答案当然是肯定的！我自己就是从无意中接触瑜伽之后，才开始神奇地甩脱"胖天鹅"的悲情命运。

　　瑜伽是一种神奇的运动，通过比较缓慢的动作，加上长时间的停留，再配合调节呼吸，伸展、运动到深层的肌肉，帮助燃烧脂肪。而通过瑜伽的呼吸法，更可以达到按摩内脏、促进新陈代谢、加速血液循环及按摩淋巴的效果，体内的毒素比较容易排出，身体也不会水肿，所以特别适合虚胖的人来练习。

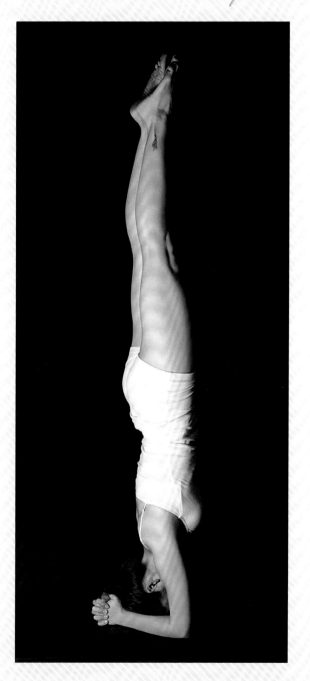

你知道影响胖瘦最重要的因素是什么吗？就是新陈代谢。

身体代谢快的人比较不易变胖，也比较健康。只要我们身体健康、新陈代谢状况良好，自然不容易变胖，也不会因为内分泌系统失调而暴饮暴食或是造成不正常肥胖。有很多忙碌的上班族，明明每天都很劳累，也很少吃什么东西，却为什么让人感觉越来越胖？通常都是因为新陈代谢和内分泌系统出了问题所致。

瑜伽动作能借由刺激身体的腺体及淋巴，进而促进新陈代谢，连动作停留时的吐纳也是瑜伽瘦身的秘诀之一。因为深沉的呼吸不但能稳定心情，也让我们不会因为情绪影响而饮食失调，不是大吃大喝，就是厌食不吃，这对身体来说是非常不健康的行为。

那些本身过于神经质、过度紧张、肌肉特别僵硬而担心自己瘦不下来的人，可以着重在瑜伽的放松技巧练习上面，借由深沉的呼吸带动全身肌肉的放松。

YOGA的神奇 曲线雕塑 效果

很多人对于瑜伽瘦身的原理感到好奇。事实上，瑜伽有很多原理都在延展、延伸，所以可以经由瑜伽改变并雕塑肌肉的线条，不光是燃烧脂肪而已，也不是像健美选手那样只加强肌肉力量的训练，而是着重于改变肌肉的形状，让整个人的线条看起来比较修长。

有人说瑜伽的动作看起来好像很缓慢、很平静，感觉不像一般的运动那么激烈，所以真的能达到减肥瘦身的效果吗？会不会减得很慢呢？

你可千万别小看了瑜伽！它的动作虽然缓慢，但是消耗起热量来可是相当惊人的！每个人做完瑜伽之后都会惊讶于自己怎么不知不觉已经汗流浃背，衣服都湿了一大片！

这种感觉很奇妙，一方面感觉身体似乎没有做什么运动，另一方面又觉得身体很疲累、很放松，全身筋骨都活动到了。像是古代练武的人突然被打通了任督二脉一样，感到通体舒畅。

瑜伽瘦身的效果也会因人而异，如果很勤于练习，有些人大约一星期就可以感受到身体上明显的变化，尤其是新陈代谢率低的人，在练习瑜伽之后效果最为显著。

一般来说，练习的初期不会看出体重的明显变化，但会发现身形变得好看，水肿现象也有很大的改善！新陈代谢不好的人，开始练习瑜伽之后，水分很容易迅速被排出体外，而身材线条则会变得比较漂亮。

如果你一直持续不断地练习瑜伽（想要达到瘦身效果的人，每天至少要做15分钟），保持基础代谢，才会渐渐影响到深层脂肪，然后你才会看到瑜伽所带来的瘦身效果。而对于长时间不运动、只是偶尔做个一两天瑜伽的人，身体的代谢率不会有明显的提高，因此瘦身效果有限。

不管是饮食还是瑜伽动作的练习，都要保持定时定量的习惯，每天给自己15分钟复习瑜伽老师所教过的动作，但是千万不要把它变成是一件苦差事喔！你可以为自己放一些喜爱的音乐，点上精油，再铺上瑜伽垫，好好地享受这15分钟。通常两个礼拜过后，你就会发现自己的身材已经开始改变喽！

瑜伽让你瘦的关键：圆肌肉变成长肌肉

你一定听过圆肌肉和长肌肉会左右我们成为圆胖形还是瘦长形的人，还能决定我们的身体曲线好不好看！

圆肌肉，顾名思义，在我们身材线条上显现出来的就会是圆圆胖胖的外形，而长肌肉则会使身材看起来比较瘦长。圆肌肉的爆发力强，短跑、举重选手都是属于圆肌肉的人。而长肌肉的延展性佳、耐力好，长跑选手、芭蕾舞演员就是属于长肌肉的人。不一样的用力方式，就会造就不一样的肌肉类型和身体曲线。

瑜伽带来最主要的改变是：肌肉的形状。

瑜伽可以瘦身、雕塑线条的原理，是因为瑜伽的动作是一种缓慢而长时间的停留，是一种伸展性的动作，除了消耗脂肪，也让肌肉充分地延伸和伸展，不是属于爆发型的运动。

而瑜伽的招式都是非常着重于肌肉线条的延展，强调肌肉力量的训练及肌肉线条的塑造，因此练习瑜伽会让你的肌肉由圆肌肉变成长肌肉，达到雕塑身体线条、塑造动人曲线的目的。

这些动作就跟芭蕾舞动作一样，着重在训练肌肉的延展度，常需要把腿向外张开、延展，运动到内侧肌肉，让力量无限延伸，所以能把肌肉往长形发展。而举重选手用力的方向则是往内收，为了练就出瞬间爆发力，会让肌肉往圆的形状发展！

在练习瑜伽时，每一个动作都要注意延展的方向，不要把力量向内，而是要把力量向外延伸。如果力量没有延伸出去，会造成肌肉紧绷，无法拉长肌肉的线条。我们在延展肌肉的同时配合呼吸，雕塑肌肉曲线，让深层的脂肪可以代谢得比较快。这是由圆肌肉变为长肌肉最关键的地方哦！

健康的减肥，瘦身才会美

正确的减肥速度是一星期减0.5~1kg，如果减得太快身体会出现问题，可能你减掉的不是身体的脂肪而是水分。

因为水分快速减少、流失，所以使得体重快速下降。减肥的顺序是，最快减掉的是水分，再来是肌肉，最后才是脂肪。所以如果你减得太快，水分、肌肉很容易减掉了，身体里剩下的都是脂肪，这是很可怕的！

很多人快速减肥之后没多久又复胖，体脂含量反而会比原来的更高，人更胖了，就是因为脂肪比越来越高，肌肉比越来越少。如果不断地用这种方式减重，你会发现减肥越来越难，所以用对方式减肥真的很重要！

运动，是减肥过程中很重要的一个助力。运动可以增加身体中肌肉的比例，也可以帮助身体不那么容易复胖。快速减肥的人，身体代谢率容易下降，例如一星期减了3~4kg，可能是因为你刻意节食，一天只摄入2000J的热量，所以能快速减重。而你的身体也就慢慢习惯了一天只需要2000J的热量，于是，不管在睡觉、走路、呼吸，做任何日常活动时，身体就会慢慢固定每天只代谢这么多热量，以此类推，新陈代谢率就会慢慢地降低！

之后，如果你吃超过2000J热量的东西，身体就无法把全部的东西代谢掉，你就必须更努力减重，因为你的身体已经习惯很少的代谢量了，这样就会造成越减越肥的后遗症！

减肥过快，还会出现内分泌失调的问题，会导致生理期不规则，容易有掉发、抵抗力减弱的情况产生。身上和脸部的皮肤也会越来越差，极大地影响身体健康，甚至肌肉里的蛋白质都会被分解、肌肉弹性变差，慢慢地淋巴系统也会出现问题，抵抗力会变得非常脆弱，容易被传染流行性疾病。

健康的饮食是可以让身体维持正常代谢、让你成功减肥的关键之一。吃什么东西对减肥的人来说真的很重要。三餐饮食正常，晚上六点过后不吃淀粉类食品，多摄取蔬果类食物，蛋白质、糖类、脂肪、维生素、矿物质等营养素要均衡，绝不能偏食，这样你身体里的代谢和内分泌系统才会正常运作，帮你早日减肥成功！

Chapter 2

呼吸就能瘦
How To Breathe
With Your Belly

腹式呼吸法，肋骨呼吸法让你会呼吸就会瘦。

呼吸，为什么能瘦？这是真的吗？而又是什么样的呼吸能带来瘦身的效果呢？

是的，你没有看错！只要掌握好正确的呼吸方法和要诀，并且在生活中随时练习，要不瘦也难。可以瘦身的呼吸有两种：腹式呼吸法、肋骨呼吸法。这两种呼吸法都是在瑜伽练习中很重要的一个基础，而呼吸能达到瘦身效果的原理则有两个：

1. 它可以帮助我们控制食欲。

当我们在节食减肥的时候，常常会觉得有空腹感、会很想吃东西，这时候我们就可以用一个很简单的呼吸法来帮助控制食欲。

坐着或站着都可以，闭上眼睛，慢慢地用嘴巴吸气，感觉自己好像正在吃很丰盛的食物，或是正在喝一碗味道很香很浓的汤，而那些美味的食物正在进入你的腹部！这时候，腹部因为正在使用腹式呼吸法的关系而慢慢膨胀起来。而当你吸满气之后，暂时先把气憋住，同时想象食物的营养已经慢慢传递到全身了。

接下来吐气的时候，由鼻子慢慢地把气吐出来。如此持续几次吸气和吐气的动作，将你的意志力一直专注在呼吸上面，身体自然也就不会想要吃东西了。

2. 当我们养成深沉呼吸的习惯时，我们的内脏也能够同时受到刺激，这样身体的新陈代谢就会比较好。

做深沉呼吸的时候，我们的横膈膜会上下动作，内脏器官会因此受到刺激，新陈代谢也会随之慢慢加快，血液的流动也会增快。因此，我们的血液含氧量一旦足够，再加上新陈代谢变快，脂肪等废弃物质就可以顺利排出体外。所以，呼吸瘦身法最重要的因素就在于新陈代谢的提高和加速。

呼吸，最主要会影响到的身体部位就是：腹部！

腹部是全身神经传导物质的数量仅次于大脑的地方，因此被称为我们的第二脑。

我们的情绪变化或压力过大时，都很容易从腹部反应出来。因此，要判断一个人是否健康，可以从他的腹部看出一些端倪。如果整个人的代谢、内分泌和情绪都很正常，腹部就会比较平坦，反之，就容易出现小腹、下腹部凸出或胃凸等问题。

所以，如何妥善照顾"腹部脑"是很重要的！如果没有好好保养"腹部脑"，它可能会变成我们身体的一大负担喔。

想要腹部平坦，首先要保持情绪稳定，因为坏情绪的累积会直接影响到内分泌系统，进而影响到子宫、卵巢及生理期，也会让产生身体胀气和便秘的现象。

以我自身为例，因为我的身体很敏感，如果我某段时间生活比较紧张、压力比较大，我的腹部就容易胀气，也很容易便秘，造成排便不顺。

内分泌失调→情绪不佳→肠胃不适→便秘→毒素累积→小腹微凸→脂肪不易代谢，所有问题之间都是环环相扣、息息相关的，会造成连带影响，如果再加上不爱运动，就很难拥有健康的身体了，当然也就更难瘦下来！

一起来学瘦身深呼吸

在"呼吸就能瘦"这个单元里，LULU老师首先要教你们肋骨呼吸法！

肋骨呼吸法

有一些女性朋友穿内衣时，背部会出现被挤压出来的赘肉，看起来有点可怕。但是只要你多多使用肋骨呼

吸法，就会发现它真的是一个去除赘肉非常有效的好方法！

肋骨呼吸为什么可以瘦背部？因为在做肋骨呼吸的时候，我们的横膈膜会随着上下呼吸摆动，我们的肋骨会左右平行打开，而肋骨收缩的时候，背部的肌肉也在扩张、收缩，所以学会肋骨呼吸法，就可以有效地瘦到我们背部的肌肉，让背部肌肉紧实。

通常背部肌肉只有在运动时才会动到，如果在日常生活中，例如开车、等公交车、看电视时也可以多练习运用肋骨呼吸的话，就可以不费力地不断运动到背部的肌肉群。

而肋骨呼吸除了可以帮助背部肌肉收缩、紧实，瘦我们的背部之外，还可以帮助减少便秘问题。

我们都知道，如果宿便毒素囤积在身体里，脂肪代谢就无法正常，因此，有便秘现象的人肥胖比例较高。只要解决了便秘之后，全身的新陈代谢就会正常，也不容易有小腹！

做肋骨呼吸时，可以把手轻轻放在肋骨上方，然后用鼻子吸气、吐气，再吸气时肋骨往内收，同时感觉身体往上延伸，你会发现腹直肌不断地被延伸、拉长，这个部分很重要，你会感觉到不只背部被拉长了，腹部的肌肉也延伸了，之后再吐气放松。

肋骨呼吸在大幅度收缩与扩张呼吸器官的同时，可以刺激肠胃的蠕动，减少便秘的发生。呼吸比较弱的人，没有办法帮助肠胃蠕动，因此容易便秘，还有些人在便秘时会憋气用力促使排便顺畅，但这样做反而容易造成血压上升，伤害到肛门，LULU老师建议你不妨采用可以促进自然蠕动的姿势与呼吸法。

做法是：当你坐在马桶上的时候，一边放松身体，一边收缩腹部，然后缓慢地吐气，在吐气的同时可以用一只手压住腹部，让气顺畅地吐出来。如果你有习惯性便秘的情况，可以训练自己养成腹式呼吸的习惯，在慢慢的吐与吸之间，腹部会受到压迫，肠子也会受到刺激，当你在做腹式呼吸的时候，肠胃也是跟着在蠕动的，这就是腹式呼吸法也可以促进排便顺畅的原理。

让你变瘦的神奇呼吸法：腹式呼吸法

学会腹式呼吸法的3个瘦身好处

① 有助于脂肪的燃烧。因为人体中的横膈膜可以调节肺部容量，肺容量增加，肺部进出的气量增多，吸入的氧气量相对也增多，我们都知道，脂肪燃烧需要耗氧，因此腹式呼吸可以帮助燃烧脂肪。

② 可以让你运动到下腹部的肌肉，有助于紧实腹部的肌肉，消除恼人的小腹。

③ 可以放松胸部、肩部、颈部，让你的上半身线条更加优美！并且可以刺激身体器官、腺体的运作，加速你体内的新陈代谢。

　　一般人会有腰酸背痛问题，大部分是因为下腹部的力气不够。下盘不够有力的时候，上半身就容易紧张，你很容易将力气放在上半身使用。因此，在扛东西或是弯腰举物时，身体不能平衡分担肌肉的负重，很容易造成背痛、脖子酸痛或是腰酸等问题。

　　这些问题，其实只要适度地锻炼小腹肌肉，就可以一并解决。

　　人体是平衡的，常常练习腹式呼吸法，同时也是在练习下腹部的肌肉，除了不容易有小腹之外，整个人也会比较有精神！

　　我还记得自己练习腹式呼吸法的第一天，小腹就有点紧绷的感觉了！练了一星期之后，小腹就开始慢慢地平坦下去了！真的很有效！下腹部的肥大，通常是因为肌肉松弛、肠胃蠕动不好、胀气、便秘等，所以一旦开始练习腹式呼吸，这些扰人的问题就会一起慢慢消失于无形了！

腹式呼吸的练习法

① 首先，想象你的丹田（肚脐下三根手指的位置）里，有一个假想中的小气囊。

②. 接着，用鼻子吸气，想象吸进去的空气一路从胸部、腹部送下来，一直送到小气囊里。此时，你的小腹会微微突出，然后，再深深地吐气，把小气囊里的空气，全部由鼻子呼出。

开始练习的时候，LULU老师建议大家可以坐着，背部挺直延伸，双手轻放在下腹部，闭上眼睛，全身肌肉放松（不必刻意用力），用鼻子吸气，感觉气体经由鼻子、喉咙、胸腔慢慢填满腹部，直到腹部完全隆起，再用鼻子缓缓吐气，将腹部的气体吐完为止，腹部自然下凹，不断重复以上动作。

此后练习，你可以躺着也可以坐着，慢慢地把腹式呼吸法变成你的呼吸习惯。躺着时，你可以在小腹上放一本书或是电话簿来感觉腹部的起伏。最好能够练到每一天、每一刻都是用腹式呼吸法呼吸。

刚开始，每天练50次的吸、吐。你可以在睡前做，也可以在其他时候做。腹式呼吸可以帮助睡眠，对于不好入眠或是睡眠质量不佳的人很有功效喔，可以一直做到入睡为止。试试看！你一定不会失望的。

Chapter 3

魔鬼曲线基础班，
线条比体重更重要
Better Shape For Every Girl

减肥不是减成排骨精，而是塑造玲珑有致的曲线。

姿势，决定你的身材曲线美丑

我常常被人家问道："LULU老师，为什么你总是可以维持优雅好看的体态，你的好身材是不是天生的？"

当然不是！好身材是我在日常生活中让自己"绝不使用错误姿势"的累积和养成！

错误的姿势，会对我们的肌肉和身形造成非常大的影响，像小腹凸出、驼背、骨盆歪斜、胃凸、扁臀……不仅会严重破坏视觉的美感，同时也对健康造成威胁。

有些人站着的时候会习惯性驼背、双肩下垂、背部拱起、小腹前突…… 有些人则刚好相反，站立时喜欢把重心放在脚尖或是脚掌前端，这样臀部就会往后翘起，以为这种姿势很性感，能塑造出S曲线，却不知道这样不仅会压迫到我们的脊椎，久而久之也会造成背痛、腰痛、胃凸等毛病，伤害我们的健康。

有些女孩长得很漂亮，根本不胖，体重也都在标准的范围内，可总让人觉得她们身体比例不太匀称，身形欠佳，整个人看起来就是松垮垮的、线条走样！这样一个女孩子就算她长得再苗条，身形仪态上的不完美也让她的美丽被扣掉很多分了！

减肥固然重要，但是如果你只注意体重又掉了多少，完全没有为瘦下来的身体雕塑曲线的话，那无论你再怎么瘦，身材都不会好看。

体态、身材线条要好看，秘诀就在于我们日常生活中的习惯性姿势。

很多女生不知道的瘦身瑜伽

瑜伽，是如何帮助我们雕塑身材、减肥瘦身的？

前面我提到，瑜伽的延展动作能改变你的肌肉形状，达到瘦身和塑形的效果。

我在刚开始接触瑜伽时，其实体重并没有什么很明显的变化，可是看到我的朋友却都异口同声地说："LULU，你变瘦了！"这到底是为什么呢？道理很简单，那是因为我的肌肉线条改变了！

一般的胖妹妹，身体的肌肉线条是圆圆的，尤其是手臂、腿部、腰部，看起来都是圆滚滚的一团，我将它称之为"圆肌肉"。而瘦子肌肉线条看起来就是长形的、比较纤细，我称之为"长肌肉"。要把圆肌肉变成长肌肉，重点就在于姿势的改变。

不要小看日常生活中一举一动的姿势，这正是影响你体态的关键，更是帮助你在无形中减肥、塑造出美丽身材的一大要点。LULU老师会告诉你什么是尽量不要使用的错误姿势以及平日就应该时时保持和养成的好姿势，让你可以把圆肌肉变成长肌肉。

快缩肌V.S.慢缩肌

瑜伽瘦身，是LULU老师多年来尝试过各种瘦身法之后，觉得是最自然、最有效，同时也是瘦下来之后，身材线条凹凸有致最漂亮的一种瘦身法！即使在我生产前后，也能帮助我克服身材变形、臃肿、体质改变等种种问题。

我们的肌肉可分成两种：一种肌肉是快缩肌，一种是慢缩肌。骨骼肌，就是长在骨骼上面的肌肉，是由快缩肌和慢缩肌这两种肌肉混合组成的，快缩肌又称为白肌，慢缩肌又称为红肌。

这两者比较不一样的地方是：快缩肌的肌肉纤维比较粗而短，它可以很快速地收缩，可以瞬间有很大的爆发力，但持续性比较差，可以做短距离的运动。

臀大肌也是快缩肌，我们要提臀的时候，就要让臀大肌收缩，因为臀大肌是最好运动到的部位，当臀大肌收缩得比较好的时候，肌肉就会比较有力气，不容易下垂，臀部就会比较有弹性。

瑜伽的动作，基本上就是在延展整个身体的快缩肌和慢缩肌，尤其是快缩肌比较发达的人，更要去延展它！因为当你延展身体的时候，肌肉的走向就会不一样，当你肌肉走向不一样的时候，你的身体线条也就会变得不一样，这就是瑜伽瘦身的原理。

最好的减肥，是雕出Ｓ曲线而不是排骨妹

姿势很重要，主要会影响到我们曲线美丑的姿势是：站、坐、行走。一般来说，站、坐、行走时，又有几个很重要的姿势是我们一定要特别注意的。

我们平日最常见到的错误姿势有以下8种：

① **内八和外八**

内八和外八会直接影响到我们的臀部，牵扯到骨盆腔的肌肉及骨骼，骨盆会因此而变形。没办法拥有漂亮的骨盆，臀部就不会翘挺迷人。

② **跷二郎腿**

这个姿势很容易造成骨盆歪斜。

③ **三七步**

模特儿般的三七步，看起来很好看，但实际上却是重心很不平均的一种站姿！它很容易让你在站立时将重心放在其中的一只脚上，造成你承重较多的那一只脚的肌肉比较发达，也很容易因此而让你的单边臀部比较肥大。

④ **翘屁股**

有些女生在站立时，习惯把重心放在脚尖或是脚掌前端。这时候，臀部会往后翘起，然后胃部却往前凸出。这种站姿很容易压迫到脊椎，久而久之，就会造成背痛、腰痛，也会影响身体曲线。

⑤ **驼背**

驼背的女生，长期双肩下垂，脊椎也同样处于被压迫的位置，腹部的肌肉就会变短，长时间下来，胸部往内缩，肚子也会跑出来。

⑥ **重心放在脚跟**

这种站姿最容易造成屁股往前移、臀部下垂、大腿粗壮！

⑦ **错误的穿高跟鞋方式**

首先，在穿高跟鞋的时候，切记重心绝对不可以放在脚尖或脚指头上！也不可以因为重心不稳怕跌倒，而把力量都放在脚跟上。

当然，穿高跟鞋内八字走路也一定要避免，因为以上这几种错误的姿势，都很容易造成萝卜腿、大腿变粗、臀部变大。

LULU老师还是想叮咛爱美的女生们，能不穿高跟鞋就尽量不要穿高跟鞋。如果因为工作需要而得穿高跟鞋的话，回家可以做一些放松腿部肌肉的动作。

此外，穿高跟鞋通常是造成女性腿部水肿的元凶之一！

因为我们在穿高跟鞋的时候，常常会因为腿部肌肉过于紧绷，导致血液循环不良，因此造成腿部的水肿，甚至是变成全身性的水肿！所以LULU老师在这里也要提醒女性朋友们，尽量在一星期中空出两天不要穿高跟鞋，让我们的腿部和脚掌能够好好放松休息一下。

⑧ **皮包习惯背在某一侧**

女生在背包包时不自觉都会固定背某一侧，长期下来，就会造成肩膀用力过度或不均、肌肉紧绷下垂，从而破坏肩颈线条，甚至造成斜肩，严重影响美感。

那么，正确的好姿势是什么？

1. 正确的站姿

　　轻松地抬头挺胸，腰部挺直，重心均匀放在两只脚的中间，不偏左，也不偏右。双脚稍微打开，宽度与两肩平齐，臀部不前移，胃部不外凸。这种站姿才能让身体处于平衡的状况，避免肌肉变形。如果可以，再配合腹式呼吸法——你相信吗？这样就算是站立着不动，也能帮助减肥喔！

2. 正确穿高跟鞋的方式

　　穿着高跟鞋时，走路的重心要均匀地放在两脚之间，而身体的重心则要放在脚掌中心。记住，是脚掌中心！重心绝对不可以放在脚尖或脚指头上。

　　另外，一定要选择合脚的高跟鞋。脚趾无法平稳放在鞋内的高跟鞋以及会让你的脚掌弓起、蜷缩的高跟鞋绝对不要穿！因为这会害你的腿部肌肉更加紧绷。好的高跟鞋应该是：脚弓要跟鞋底贴合，楦头大小与脚宽恰好合适、站立时鞋身不能晃动。太软的、带子太细的凉鞋，让你站起来会摇晃的、太窄或是太宽的高跟鞋，都不应该选购。

3. 正确的坐姿

　　究竟什么样的坐姿，才是正确的？

　　首先，每个上班族最好每隔1小时就要站起来动一动。无论是走去倒杯水、上个厕所，或是伸个懒腰，都比一直坐着不动要来得好！要知道，我们的肌肉如果一直处于同样一个动作的紧绷状态下，是很容易酸痛疲劳的，所以一定要站起来松弛一下，千万不可以8个小时都坐在办公椅上！长期下来不但会腰酸背痛，下半身循环也会变差，代谢不良。当然，坐着的时候你也可以配合练习腹式呼吸法，让我们在不知不觉中强化腹部的肌肉。肌肉收紧了，自然小腹及水桶腰也就不见了！

计算机族也要注意喽！使用计算机时，一定要将背部伸直，手肘自然下垂，肩颈放松！才不会因为肌肉紧绷而酸痛。还有，切忌驼背！也千万不要弯腰、前倾，把脑袋凑在计算机前面猛练功！

久而久之，这样的姿势不但会造成脊椎变形，还会让腹部外凸！另外，如果要长时间使用计算机，最好在脚下垫一个小凳子或者是几本书，这样能减少腰部的负担及腰痛的几率。

在这里，我要跟大家分享一个跟肌肉有关的小秘密！大多数人都以为，要变瘦就必须拼命运动。其实，如果没有适当地放松并延展肌肉，不当的运动反而会让你的肌肉变成"小圆面包"喔！这也就是我说的圆肌肉，圆肌肉会让你看起来更胖。

所以，如果要让自己的身体线条看起来瘦长，很重要的一件事，就是必须从腹部开始延展四肢的肌肉。例如在使用计算机时手肘关节必须放松，只有如此才能延展肩颈肌肉，让线条拉长。

让你线条变美的几个练习

姿势错误的后遗症01：
小腹、扁臀、水桶腰

　　姿势不佳容易造成难看的身形，最常见的就是小腹凸出。我们要怎么站和坐，才能避免让小腹凸出、下垂，衣服怎么穿都遮不住呢？

　　首先，如果你是喜欢穿高跟鞋的上班族女性，那一定要注意走路姿态，避免把屁股收进去、小腹凸出来，这样很

容易导致骨盆后倾，造成扁塌的屁股和微凸的小腹。

当你站着的时候，很容易不自觉地把屁股收进去，小腹凸出来，这个时候你腹部的肌肉整个会放松、扩张，由于你不习惯用到腹部的肌肉，于是腹斜肌和腹直肌也会跟着松掉。更惨的是，一旦腹斜肌松掉之后，你会发现自己连水桶腰都出来了！

所以，腹肌的训练就是由平常笔挺的站姿开始的。

当我们站立时，身体有着自然的曲线，基本上脊椎是很自然、漂亮的S形。

要如何站出S形呢？首先，必须要感觉腹部有微微上提，不要刻意收缩臀部，只要让尾椎骨（脊椎靠近臀部最尾端的那个点）自然朝下、背部往上提，感觉头顶有一股往上延伸的力量，肩膀和双手都要放松。自然的站姿正确，你的腹部就会越来越平坦好看；否则，你的腹部就会越来越大，最后变成中广身材、水桶腰！

再来，如果你习惯穿高跟鞋，又该注意什么站姿才不会造成萝卜腿、大腿粗壮、脊椎受伤呢？人站在平地的时候，脚跟是平的，身体重心和脊椎曲线都是比较正常的，而一旦穿了高跟鞋之后，如果你没有试着去改变身体的重心（往斜前方），走路的姿势不正确的话，确实会造成腿部的粗壮，严重的还会造成脊椎受伤，常穿高跟鞋也容易造成大拇指内翻的现象，所以穿着高跟鞋一定要有正确的动作。

第1个动作

站的时候，重心要有点往前倾斜。因为你的后脚跟被垫高了，所以如果你的重心不往前，就会压迫到脊椎。

收小腹、收屁股、拉伸背部，以这种姿势穿高跟鞋的话，身体的线条就可以更加拉长，就好像芭蕾舞者穿芭蕾舞鞋，当她在踮脚尖的同时，她的身体就会用到更多的力气去延伸、拉长是一样的道理。所以如果高跟鞋穿得好，其实会有延伸你身体线条的功能，可以让身材曲线更加修长。

第两个动作

晚上脱掉高跟鞋的时候，建议你做一个放松的动作。躺在地板或床上，把双脚翘高，跟身体呈大约90°，双手放在臀部旁边，双脚并拢，膝盖打直，慢慢用脚后跟的力量往回钩，停留10个拍子，然后再放松，脚后跟再往回钩，停留10个拍子再放松。如此反复练习。

第3个动作

在臀部下面放置一个枕头，枕头不用太高，只要感觉整个下背平坦就可以，自然盘腿，把臀部放在枕头上，同时把双手放在身体旁边，这个时候也可以配合腹式呼吸，闭上眼睛，慢慢地用鼻子吸气，气穿丹田，然后吐气放松。

当你穿了一天的高跟鞋，回到家后，上面这3个动作，可以帮助腿部放松舒缓、拉长小腿线条。做动作之前，可以先洗个热水澡，或者是泡下半身浴来放松腿部的肌肉，建议水温在40℃左右，水不要超过心脏的位置。半身浴的优点是可以加速整个腿部的血液循环，让腿部的肌肉放松，这样再来做放松的动作就会事半功倍。

姿势错误的后遗症02：
骨盆歪斜、扁臀、垂臀、大腿粗

怎么站才能站出漂亮的臀形？

站的时候我们要注意不要凸肚、骨盆前倾，这样虽然感觉臀部会变翘，但事实上你会直接压迫到腰椎。另一种状况是臀部往内收、骨盆往后倾，这样会让臀部下垂、变扁、大腿变粗，这两种姿势都不建议。

骨盆是支撑内脏的重要支架，如果你的姿势不良或是不常运动，骨盆就会容易歪斜，使得内脏不能维持在正常的位置，导致新陈代谢降低、脂肪堆积、血液循环不良而无法变瘦。

姿势错误的后遗症03：
驼背、三层肉

再来讲怎么坐。一般上班族最容易犯的错，就是当我们坐着使用计算机时，会有驼背的习惯。

当弯腰驼背的时候，我们全身的力气都集中在下半身，你会发觉腹部不自觉地往下放松，慢慢地小腹就会微凸。这样坐久了之后，腹直肌和腹斜肌会变得没有力气，肚子上三层肉的状况就会越来越严重。

那到底是怎样的坐姿可以让三层肉不上身呢？建议大家可以在办公椅后多加几个垫子，让背部自然提起来，但是记得不要把肋骨凸出来，你只要自然地收肋骨，后面垫几个垫子或靠枕让背部有支撑、身体往上提，而大腿与身体脊椎应该是呈现90°，这才是最省力、最舒服、肌肉用力最完整的弧度！

你甚至可以一边做腹式呼吸，一边办公，因为背部有靠垫，可以不用很吃力地延展上半身，但是伸直的时候，腹部的深层肌肉还是在起作用，这些肌肉也就自然而然地被拉长。长期下来你会很惊讶地发现，你的腹部不会凸出或堆出三层肉了！

通常有小腹的人内分泌都比较不好，在我的上一本著作《露露胖公主变身记》一书中，有提到有效改善内分泌系统的动作及偏方，想瘦身减肥的美眉们可以再去复习一次。

全身重要肌肉群图解

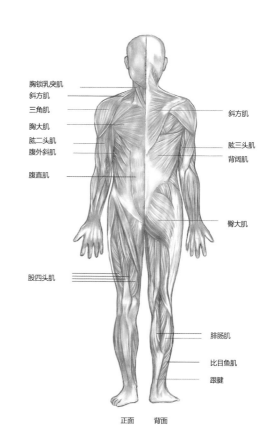

胸锁乳突肌
斜方肌
三角肌
胸大肌
肱二头肌
腹外斜肌
腹直肌

斜方肌
肱三头肌
背阔肌

臀大肌

股四头肌

腓肠肌
比目鱼肌
跟腱

正面　　背面

Chapter 4

尽美变瘦的必吃&必戒饮食
You Are What You Eat,
LULU'S Daily Diet Check List

吃什么，怎么吃，学会合理饮食，自然就会瘦！

减肥瘦身，除了多做瑜伽和多运动之外，平常吃什么、怎么吃更重要!

关于饮食建议，在我的上一本书《露露胖公主变身记》里面已经提到了一些，但还是有很多想减肥瘦身的美眉们会来问我类似的问题，可见对减肥瘦身者来说，怎么吃，吃什么，怎样才可以既吃饱又不怕胖，一直都是大家最关心的问题!

LULU老师根据自己和肥胖奋战六七年的惨痛经验，在这里教你最实用的饮食秘技，让你不再因为吃错而老是瘦不下来，或是不敢吃而变得气色难看，降低了身体的代谢力!

变瘦变美必吃

1. 三种好油

有些人在减重的时候，全部都吃水煮的食物，完全不添加油脂，事实上这样是不对的!

我们的身体需要适当地补充脂肪，才能够顺利吸收维生素A等脂溶性维生素，皮肤才会润泽不干燥，营养也才会均衡，也才能有足够的抵抗力，不容易生病。因此，减肥中的人不是不能吃油脂类的食物，而是要学会挑选对人体比较好的油脂，像是橄榄油、大豆油、琉璃苣油等等。

LULU老师特别推荐冷压初榨的处女橄榄油（Extra Virgin），它质纯香醇，拌色拉吃味道也很不错喔！不过有些油不能拿来烹调，买的时候千万要注意！

2. 醋、柠檬

醋和柠檬，是我很推荐的东西。它们除了可以提高新陈代谢以外，对改变酸性体质也非常有用。

大部分胖人，基本都是属于酸性体质！也就是身体的酸碱值略微偏酸。有一些简易的特征可以辨别酸性体质的人。比方说：嘴巴容易有口臭，排泄物也比较臭，每到下午就特别容易疲倦，比较爱吃甜食或是口味偏重。

酸性体质的人，血液也偏酸性，血管中比较容易堆积废物。就好像是一栋大楼里，如果水管中流动的水比较清澈，水管就比较不容易堵塞；反之，如果水比较污浊，就很容易堵塞。同理，血液偏酸性的人，新陈代谢比较差，体内也比较容易堆积毒素、不易排除，所以很容易肥胖！

那么，如果你的身体真的因为饮食习惯而呈现酸性时该怎么办呢？答案很简单，就是多吃碱性食物！碱性食物摄取多了之后，可以平衡身体的酸性，原本的酸性易胖体质，就会慢慢转为不易胖的碱性或中性体质。

醋和柠檬，就是很好的碱性食物！酸酸的苹果醋、柠檬醋、柠檬水，都是不错的选择，平常可以多食用。但是，切记不可以加糖喔！

另外，喝碱性含钙的矿泉水（含矿物质的），也是平衡身体酸碱度的方法，可以去市面上买富含钙、镁、钾等成分的矿泉水。虽然因为含有矿物成分的关系，喝起来味道略咸、有点涩，有些人不是很喜欢它的口味，但多喝这种水，对身体真的有好处！

3. 喝水

多喝水，不是一句广告词！水确实是最好的药，LULU老师有一阵子尝试用代餐包来减肥，因为吃代餐要喝大量的水，因此竟然无意间发现，喝水让我的新陈代谢更快了，对排泄排毒非常有效！

LULU老师建议，一天至少要喝 1500mL的水，不够量的话，身体的毒素无法排除，就会容易变胖。

除了食物中摄取的汤汤水水之外，早上起床后吃早餐前，就可以先喝500mL的温开水。上班之后，不要忘记在上午、下午各补充250mL的水，回家之后，也要记得喝上一杯250mL的温开水。晚上睡觉前的半小时，再喝一杯250mL的温水，促进身体的新陈代谢，所以加起来总共是1500mL的水。

喝水的好处有多少？

a. 排便顺畅。

b. 美化肌肤，促进新陈代谢。

c. 冲淡胃酸，有效抑制食欲。

d. 帮助排除黑色素。

e. 促进排汗、排尿、排毒。

4．多吃新鲜蔬果

还是要再一次强调，新鲜蔬果对减肥瘦身中的我们真的很重要，它们能够提供清洁肠道所需要的膳食纤维，也可以带给我们身体正面的能量，内含丰富的酶可以被身体吸收。注意，烹调时间尽量不要太长，不然很容易破坏蔬果中的酶，造成营养的流失。尤其是维生素C更是容易因为烹煮或是加热而流失。

LULU老师自己平常最喜欢吃的蔬果

a. 花椰菜。花椰菜的热量低、纤维多，又富含维生素A、维生素E、维生素C以及萝卜硫素、异硫氰酸盐等多种拥有强力抗氧化效果的植物性化合物。所以它不但可以防癌，又可以让人有饱腹感的同时清除宿便，达到纤体瘦身的效果。唯一要注意的就是，花椰菜容易在花朵的部分残留农药或菜虫，因此一定要洗干净喔。

b. 芹菜。纤维素高，口感好。不过胃不好的人不要多吃，比较不好消化。

c. 红薯、红薯叶。红薯因为淀粉含量高，最好在早上或中午吃。它的纤维素含量很高，不需要农药就可以安全生长，绿色环保。红薯叶的营养丰富，价格便宜，也是很好的蔬菜喔。

d. 卷心菜。温性的卷心菜对胃很好，不燥、不寒，不论切丝蘸酱生吃，或是烫熟了来吃，都很好。

5. 蛋白质超重要

研究显示，人平均每1kg的体重，就需要1g的蛋白质，以应对身体24小时的细胞增长和修护所需。活动量大的人则需要更多的蛋白质。

但是，许多人的蛋白质摄取量却并不足够。尤其是想要控制体重的人，更是如此。因此，建议正在减重的人一定要充分摄取每日所需的蛋白质。为了减少身体过多的负担，建议改为摄取植物性蛋白质，例如豆类食物，或者新鲜鱼类（痛风病患除外）。

另外，肉类的部分因人而异，有人会认为减重时最好不要吃红肉，但是如果体质虚寒，有贫血的现象，适量地摄取红肉是有必要的，千万不要为了减重，赔上自己的健康，这是相当划不来的。任何食物都可以吃，但是注意要适时与适量，切忌过与不及。我自己是习惯吃白肉，少吃红肉。因为红肉含较多胆固醇，所以容易让身体变酸。

6. 淀粉类食物怎么吃

如果你曾经听过"高蛋白、低碳水化合物"的减肥法，那么你可能会误以为减肥的时候绝对不能吃淀粉类食物！事实上，并不是所有的淀粉类食物都不能吃。虽然如果摄入过多的碳水化合物而没有被身体充分燃烧掉，的确会囤积在身体里转变成脂肪，但是完全不吃淀粉也是很容易生病，而且会让自己的情绪不好。因此，正确的做法应该是：选择热量释放速度比较慢的碳水化合物食物。

这类食物可以帮助人提升饱足感并且有效满足饥饿感。也就是说，这类食物的消化和吸收速度比较慢，因此不容易让你感觉饥饿。例如黑麦、燕麦、全麦的面食、玉米、豆类、马铃薯、红薯等等，都是优质健康的碳水化合物。

LULU老师还建议你，如果能吃米饭，就尽量吃米饭，不要吃面。

为什么呢？因为在中医的说法里，米饭可以调节血气的运行。血气顺，就不容易手脚冰冷、经血不顺，对女人的子宫大有好处！而且面食类的面包、馒头等多为发酵、加工过的食品，其实不如糙米饭或白米饭来得天然、质纯。所以，糙米饭比白米饭好，白米饭又比面条好。当你要用餐的时候，也许不一定餐餐都能吃到老师说的这些最健康的食物，但你至少会知道如何拟定进食的优先级。

7. 一天一杯咖啡或绿茶

水能载舟，亦能覆舟。很多人听说咖啡因能减肥，一天到晚喝个不停，结果反而让自律神经失调，无法好好休息，造成失眠与水肿！

LULU也很喜欢喝咖啡，不过，每天中午12点过后，我就绝对不再喝咖啡。咖啡最好在早上喝，除了提神醒脑外，也有减重的效果。最重要的是，早餐喝咖啡，可以在入睡前完全代谢掉咖啡因，不干扰睡眠。

绿茶的好处就更不用说了。它里面含有儿茶多酚，可以刺激身体制造重要的抗氧化剂和解毒酶。抗氧化剂有点像身体的保镖，能够保护身体免于感染疾病。不但可以帮助我们清除自由基，达到抗衰老的功效，更因为含有茶碱及咖啡因，可以减少脂肪细胞堆积，达到减肥瘦身的目的。

变瘦变美必知

1. 下午6点过后，禁用淀粉类食物

完全不吃淀粉类食物，不但无法满足饥饿感，也会令身体不适，容易生病。LULU曾经试过完全不吃淀粉类食物的减肥法，结果发现我的免疫力变得很差，一天到晚感冒，要不然就是容易得肠胃炎，上吐下泻闹胃病。

在国外，也有很多研究告诉我们，不碰淀粉类食物不但不会瘦很多，而且还很容易影响人的情绪！因此，淀粉是一定要吃的，不过，记得，只能在下午6点以前吃喔！

为什么呢？我们都知道，淀粉容易造成下半身的肥胖，因此要尽量在活动量大的白天吃，不要在晚上吃。LULU老师建议，如果你很爱吃面包、米饭，那么就尽量在早餐、午餐时吃！这样，你可以用整个白天的时间去消耗淀粉的热量，不让淀粉的热量囤积在体内。另外，LULU老师也推荐你一些优质的淀粉类食物，比如说糙米饭、紫米饭！

进食就像汽车加油一样，应尽量选择营养价值高的，对身体才有正面的功效。如果吃进去的东西虽然口味好，但营养价值不高，那么对我们的身体就只是负担，增加脂肪、造成肥胖而已。LULU老师很喜欢吃糙米饭！其实糙米饭很香、很好吃，又含有丰富的B族维生素，是营养价值很高的米食。如果你不喜欢直接吃糙米饭的话，也可以加入五谷米、薏仁，或是与白米饭混合煮食。

2. 忌吃冰冷的食物

夏天很多人爱喝冰凉的饮料，却没注意到，冰的食物或水对女生非常不好，因为冰的东西容易造成子宫收缩不良，影响我们的内分泌系统。所以就算天气再热，也应该尽量避免食用或饮用冰冷的食物，改喝温水。

3. 少量多餐

大脑在我们吃完东西约15分钟后，才会传达感觉，告诉我们究竟吃了多少食物。如果吃得太快，常常会吃撑，所以，细嚼慢咽是很重要的，比较不会因此吃下过多的食物。身体在消化食物的同时，也正在消耗热量，如果能让身体保持在消耗热量的状态，也会同时加速新陈代谢，所以最好不要饿太久都不吃东西，然后又一下子吃太多东西，这样不仅容易肥胖，还会把胃撑大，食量也随之增大，造成胃的负担。

4. 吃东西前，先计算热量

我们身体的代谢率，是随着年纪而逐年下降的。

20岁时，身体一天可以代谢掉1280卡热量。

30岁时，身体一天可以代谢掉1170卡热量。

40岁时，身体一天只能代谢掉1100卡热量。

从这个数据，我们可以发现：吃同样的东西，年龄越大时，越容易胖！可以依据这个原理去计算吃东西的热量。白天新陈代谢比晚上快，因此，晚上尽量少吃热量高的食物，包括淀粉、油脂等，可以以蔬果、蛋白质（鱼肉、鸡蛋、牛奶、豆类）为主，每天不要摄取超过我们身体可以消耗掉的热量，就绝对不会胖了！

5. 跟体重拼了

除了吃对的食物、做对的事情之外，减肥瘦身期间还要保持开朗快乐的心情，了解自己体重变化的起伏状况。

每天量体重，不是要看每一天的体重差多少，而是要观察自己瘦身期间体重的变化。有时候，因为水肿一天可以增加1kg，有时候，因为泡澡、脱水，或是刚好少吃了一餐，少了1kg，那都没有什么太大意义。至于减重的成效，应当以一星期为一个单位，观察每个星期体重的变化。

　　LULU老师要提醒大家，瘦身是一个长时间的饮食习惯跟生活习惯的改变，因此千万急不得，要把它看成是一个中长期的计划，按部就班，能够持久才算成功。短时间的体重下降，通常都会复胖，那不是真正的减重。维持一个长长久久的健康瘦身，才是最重要的！

Chapter 5

办公室懒人瑜伽
Office Yoga For Lazy People

我很懒，可是我不想变形！

懒人>第1招
专克掰掰肉、蝴蝶袖

上班族长期坐在办公室里缺少活动，再加上姿势不良、压力大，很容易感觉到背部酸痛或脊椎有被压迫的感觉。这个动作不但可以延展上半身，也可以训练手臂肌肉，延展手部肌肉线条，训练脊椎的延伸、舒展筋骨，达到去除掰掰肉和蝴蝶袖的效果！

▌▌ Please follow me！

● 双脚平行，坐姿，臀部坐在椅子前面三分之一的位置。（尽量坐在椅子前端，不要坐满。但是如果你的办公室地板太滑，就要小心不要坐得太靠边，以免屁股滑落跌伤。）

●双手平行，手心朝内，往上伸展，感觉到背部的延伸，停留10~20秒，保持呼吸。

●大腿和小腿呈90度，上半身跟大腿也呈90度。

LOLO小·警语
● 在做懒人瑜伽时，最好选择没有轮子的椅子，以免受伤；但如果办公椅无法选择，那切记在做瑜伽之前先把轮子脚固定好喔！

懒人>第2招
专克腿部及下盘水肿

这个动作主要是延展大腿后侧肌肉。久坐容易造成腿部水肿，可以借由这个动作改善水肿的现象。

▌▌▌ Please follow me !

● 采坐姿，臀部可以坐进去一点，单腿往上抬起，膝盖靠近胸口。

● 背部往上延伸，另一边的大腿和小腿呈90度，停留10~20秒，保持呼吸。

● 然后换另一条腿做同样动作。

懒人>第3招
专克久坐族小腹、腿部水肿

这个动作能延展大腿及小腿后侧肌肉，也有紧实下腹部及背部的功能。上班族不但容易有小腹，更会因为吃饱就睡、睡起来又继续坐着办公，造成下盘和腿部的水肿肥胖，还容易得静脉曲张！平常可以借由多多练习这个动作来改善。

▌▌▌ Please follow me !

● 坐姿，一只脚往前延展，脚钩起，脚尖朝天花板，背部往上延伸，停留 10~20秒。

● 保持呼吸，然后换脚做。记得背部要挺直。

懒人>第4招 |
加强训练脚踝力气、
防止脚踝浮肿

女生通常都会比较喜欢穿高跟鞋，高跟鞋确实可以让上班族看起来个头比较高，比例比较好，也比较有精神！但是高跟鞋穿久了，如果身体重心（往斜前方倾）和走路的姿势不正确的话，就很容易造成脚踝浮肿、腿部粗壮，一定要注意！需要长时间穿着高跟鞋的OL，记得要多多训练、加强自己脚踝的支撑力，才能够把高跟鞋穿得美，又耐得住，站得久。

▌▌▌ Please follow me！

●坐在办公椅前面三分之一处。
●双手弯曲放在大腿上，跷起双脚，背部上提，把脚背推出去，膝盖并拢，保持呼吸，停留10~20秒。

懒人>第5招 |
专克腰酸背痛、腿部静脉曲张

这个动作目的在延展大腿外侧肌肉，消除坐骨神经疼痛及酸痛，促进大腿的血液循环，消除静脉曲张。

▌▌▌ Please follow me！

●坐在办公椅前面三分之二的位置，一条腿跷起来，像是跷二郎腿的感觉。
●一只手扶着脚踝，另一只手放在膝盖上，另一边的大腿和小腿呈90度，停留10~20秒，保持呼吸，背部挺直。
●然后换另一条腿做同样的动作。

懒人>第6招
专克腰酸背痛、提神醒脑

　　这个动作可以消除腰酸背痛，也有提神醒脑的功能，因为它可以刺激和活化我们的脊椎。特别适合常常需要动脑想创意，开会脑力激荡的上班族和主管们。

▍▍▍ Please follow me !

● 坐在办公椅前面三分之一的位置，下盘不动，从腰部平行向右边扭转。

● 一只手放在椅垫上，另一只手放在大腿外侧，停留10~20秒，保持呼吸，吐气回来。

● 再换左边。

懒人>第7招 |
加强腰力、修饰手臂线条

这个动作叫祈祷上扬式，主要是训练腰部的功能，延展手臂肌肉群。长期坐在办公室里的人，手臂外侧的肌肉比较不容易运动到，尤其是掰掰手的部分，这个动作刚好可以训练手臂肌肉，使手臂线条更漂亮。

▌▌▌ Please follow me！

● 手肘、手掌并拢，吸气时往上提起来，肩膀放松，眼睛看斜上方，停留10～20秒。

● 保持呼吸，大约做10次。

Chapter 6

小脸美人完美改造计划
Be A Small Face Beauty
只要12星期，大脸、肉脸...

脸孔，几乎是男人看女人第一眼时，决定印象加分与否的最关键部位。

所以脸部线条漂不漂亮，脸形是否大小适中，肌肤白不白皙、有无光泽，是否细致不粗糙……都会影响别人的观感。

而照顾、保养好自己的脸部，更是每个女生都不应该偷懒的功课。

别以为脸胖或脸大是天生的，无法改善或改变!

其实很多女生都不知道，有两种脸部肥胖的类型是可以靠后天自己在家按摩改变的!

只要看清楚LULU老师在接下来示范的步骤里怎么做，并且持续地做，脸部线条一定会有很明显的改善! 相信我!

因为脸部只要能减掉一些脂肪堆积和水肿，就能使整个脸看上去小了一大圈，马上会给人一种变瘦、五官变立体的感觉!

大家一定都会觉得你变漂亮了!

接下来就是LULU老师专为胖脸一族设计规划的完美小脸打造计划，要好好跟着做喔!

咀嚼肌是秘诀

有很多女生最吃亏的部分，就是明明身体四肢都很ok，绝对不胖，但偏偏脸上肉有些多，整个人就显得大上一圈！

为什么脸部常常会看起来肉肉的？如果脸部的线条不松垮，再紧实一点该有多好！应该没有一个女生会不想当小脸美人吧？脸部线条要好看，除了上医院动刀或做微整形之外，真的可以跟减肥一样，靠在家按摩和运动来改善吗？

水肿V.S.肌肉群发达

每一次拍照时，总是希望自己可以有张甜美、上相的瓜子脸，但是往往事与愿违。你知道吗，其实，除了肥胖及水肿会让我们看起来有一张肉饼脸之外，脸部某一些肌肉群过于发达，也会使我们的脸看起来像国字脸。所以一定要用不同的方法来改善，才会有效喔。

❶ 肌肉发达型大脸

重点就是，要靠放松咀嚼肌肉群来修饰脸部的线条。如果你了解如何正确地运动及按摩（详见CH18 LULUS独家穴道按摩瘦身），通常在12个星期内就可以明显改善原本圆圆、肉肉的大饼脸，让你脸形线条瘦下来，轻松加入小脸一族!

❷ 浮肿型大脸

浮肿型的人通常是因为新陈代谢功能欠佳。有些人可能是前一晚喝了太多水，隔天脸就肿了。如果你的身体容易出现水肿的状况，而且你的脸看起来也比较胖，多半就是属于浮肿型。改善的方式可以靠尽量多走路、多流汗，也可以借助泡澡来加强新陈代谢、消除浮肿，再配合脸部穴道的按摩。

❸ 脂肪型大脸

脂肪型大脸的人则是脂肪容易上脸。每个人脂肪容易囤积的位置都不一样，有的人会出现在脸部，这样的人平常就要很小心减少淀粉类食物的摄取，傍晚六点过后，尽量不要吃太多淀粉类的食物，以免淀粉转化成糖分、脂肪，导致脂肪全都囤积在脸部和臀部。

小脸美人变身术

a. 多走路，多流汗。走路流汗可以促进身体新陈代谢、消除脸部水肿。

b. 尽量避免咀嚼口香糖、牛肉干及任何会使咀嚼肌发达的食物。

c. 饭后多按摩咀嚼肌，放松肌肉。

上胸延展式
主攻 浮肿型大脸
难度 ★★★★

功效： 刺激淋巴，加强上半身新陈代谢，消除脸部水肿，紧实肩颈线条。

{ 完美小脸瑜伽 }

❶ 全身平躺于地，双手握拳，两肘抵地。

❷ 吸气，将头、胸及腹部往上挺起，背部拱起，下巴上提，头顶地，保持5次呼吸。

LULU提醒你

1. 避免只有后脑勺着地，应让整个头顶触地。
2. 姿势停留时，头请勿左右晃动，以免伤及颈部。
3. 注意勿折腰，应尽可能打开胸口及喉腔。

{完美小脸瑜伽}

功效： 加强脸部血液循环及代谢。

海豚式
主攻 浮肿型大脸

难度 ★ ★ ★

❶ 采跪姿，双手手指交叉握拳，上臂与地面呈直角撑地。

❷ 吸气，臀部向上抬高，腿部打直，前脚掌踩地，眼睛看前方，保持5次呼吸。

LULU提醒你

1. 肩膀勿拱起，应让双手推地、胸口上提，小臂不要离开地面。
2. 重心勿放在双手，应将腹部内收，以支撑起全身。
3. 勿含胸或将下巴内收，让下巴向前提起，眼睛向前看。

功效： 加强脸部血液循环，预防脸部肌肉下垂。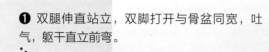

{完美小脸瑜伽}

站立前弯式
主攻 浮肿型大脸
难度 ★ ★ ★

❶ 双腿伸直站立，双脚打开与骨盆同宽，吐气，躯干直立前弯。

❷ 腹部尽量贴近大腿、内收，躯干向下延伸，保持5次呼吸。

LULU提醒你

1. 初学者柔软度不足时，可利用瑜伽砖辅助，或者是弯曲双腿，以达到上半身放松的目的。

2. 下弯时，要尽量将腹部贴紧大腿，以避免背部拱起，导致背部肌肉紧张。严重者会引起背部疼痛。

蛇式
主攻 浮肿型大脸
难度 ★★★

功效： 紧实身体上部位肌肉群，消除脸部及肩背的赘肉。

{ 完美小脸瑜伽 }

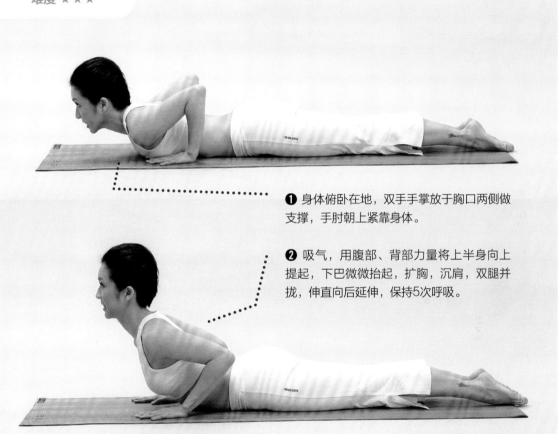

❶ 身体俯卧在地，双手手掌放于胸口两侧做支撑，手肘朝上紧靠身体。

❷ 吸气，用腹部、背部力量将上半身向上提起，下巴微微抬起，扩胸，沉肩，双腿并拢，伸直向后延伸，保持5次呼吸。

LULU提醒你

1. 初学者应让手肘保持弯曲，运用腹部及背部的力量往上扬。
2. 小心勿折颈椎。应感觉从胸口、喉咙到后脑勺呈一抛物线，有向上延伸的力量。
3. 肩膀勿上提，应下沉，并保持胸口的扩展。

功效： 加强脸部肌肉的弹性及紧实度。

{ 完美小脸瑜伽 }

狮面式
主攻 浮肿型大脸
难度 ★

❶ 跪坐于地，双手往前延伸，
手指朝下张开。

❷ 脸部肌肉撑开，嘴巴张到最大，
舌头吐出停留5秒，可重复几次。

LULU提醒你
注意下颚的开合，以自己舒服的幅度为准，不要过于勉强。

更多关于小脸正妹完美改造计划
请上FG视频美人教室http://video.fglady.cn/

功效： 加强脸部及上半身的代谢，消除双下巴。

{完美小脸瑜伽}

锄式

主攻 浮肿型大脸

难度 ★★★★★

❶ 全身平躺于地，双腿、臀部向上提起，手肘撑地，手掌扶背，胸口紧靠下巴，双膝弯曲。

❷ 双脚向后伸直，脚趾触地，保持5~10次呼吸。

LULU提醒你

1. 初学者可在脚下放一枕头，以减少背部及腿部的压力。
2. 尽可能将锁骨靠近下巴，让背部及腿部得到最大程度的伸展。
3. 姿势停留时，头勿左右晃动，以免伤及颈部。

Chapter 7

脖颈美人性感指数飙高
Sexy Neck And Chin

肥厚、暗沉、颈纹，让你看起来老10岁

肩颈部的线条细不细致、弧度美不美，常常是决定一个女人性感指数的关键。从脖颈到肩膀，再到锁骨，皮肤应该没有很深的纹路，没有多余的脂肪堆积，没有肥厚的肌肉，这样才是个标准的脖颈美女。

然而，大部分的女生可能不知道，有时候肥厚的肩颈不是因为身体肥胖的关系，而是因为平常的姿势出了问题!

肩膀不正确的姿势有两种：一种是习惯性耸起肩膀（耸肩），另一种则是胸口内凹（内凹肩）。

这两种姿势长期下来都会使女生的肩颈线条变肥厚，颈纹变深变暗沉，肩颈部脂肪堆积，大大地影响美感，使人看起来既臃肥又老态!

在瑜伽的动作中，锄式、三角前弯式可以改善耸肩；鱼式、坐姿扭转式、蝗虫式可以改善内凹肩；弓式则是可以同时改善耸肩及内凹肩。

斜方肌是美颈的关键

肩颈的肌肉要放松、拉长，颈部的线条才会漂亮。

很多女生肩颈线条不够漂亮的原因，是不会放松斜方肌，不会延伸胸锁乳突肌，不会拉扯颈阔肌。

如果时常单肩背负书包或重物，容易造成肩膀的斜方肌一上一下，两边力量不平均，影响到肌肉的走向和线条。

颈部就像是树木的年轮，从颈部能很容易猜出女人的年纪。年纪越大，颈部的纹路越多、越深。

所以我们要多做一些延展动作，多放松斜方肌，这样会有助于美化肩颈线条及紧实肩颈肌肉，皮肤才会紧致，看起来不显老。这是想要美颈一定要认识的第一个重要事项。

这个章节示范的动作，就是要教你如何延展并放松肩颈的肌肉，改善自己的颈部线条，让你也敢大方露出肩颈部美好的弧度，展现女人的性感！

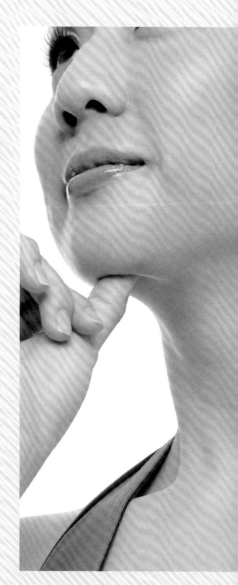

肩颈肌肉图解

① 斜方肌

位于颈部和背部的皮下，一侧呈三角形，左右两侧相合构成斜方形，因此称为斜方肌。

② 胸锁乳突肌

这是颈部浅层最显著的肌肉。

③ 颈阔肌

位于颈部前面皮下最浅层，收缩时拉口角向下，并拉紧颈部皮肤。

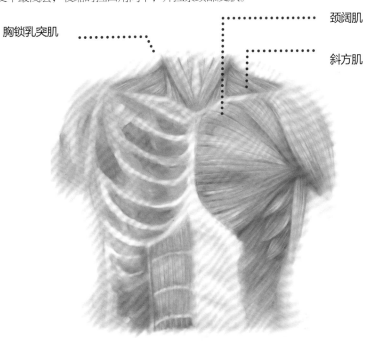

胸锁乳突肌 ┈┈┈┈┈

颈阔肌

斜方肌

坐姿扭转式
主攻 肩颈线条
难度 ★★★

功效： 增加脊椎弹性，舒缓背部酸痛。
延展胸锁乳突肌，紧实颈部肌肉，预防松弛。

{ 美颈瑜伽必杀技 }

❶ 自然盘腿坐好，双手放在膝盖上。

❷ 吸气，腰部以上平行向右边扭转，右手撑住地板，保持5次呼吸，再换边。

LULU提醒你

1. 肩膀勿紧张，应放松，让腹部、胸口与背部自然向后扭转。
2. 应从腹部开始扭转，而非只有胸口向后转。
3. 两边臀部不离地，胯部也不要歪斜或提起。

三角站立式
主攻 肩颈松弛
难度 ★ ★ ★

功效： 加强背部力量，调整脊椎姿势不良。稳定肩颈肌肉群，训练斜方肌与手臂肌群，美化线条。

{ 美颈瑜伽必杀技 }

❶ 双腿往旁张开（宽度约为自己一条腿的长度），双脚脚板内缘平行。

❷ 吸气，脊椎往上延伸，带动双手往两旁举起，手心朝下。

❸ 大腿往上延伸，膝盖伸直，避免臀部往后翘。双手往旁延展，保持呼吸，停留20~30秒。

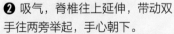 LULU提醒你

1. 当动作停留时，要不断延伸身体的末端，找到身体的重心，达到平衡。
2. 肩膀与斜方肌需要有向下的力气，才能延展、拉长肩颈的线条。

三角前弯式
主攻 耸肩、斜方肌发达

难度 ★★★★

功效： 反方向拉提肩颈肌群，舒缓肩颈
酸痛。

{ 美颈瑜伽必杀技 }

❶ 双腿往旁打开(宽度约为自己
一条腿的长度)，膝盖伸直，双手
叉腰。

❷ 吐气，上半身往前延伸，双手撑地保持
呼吸。吸气，身体往前延伸，运用背部及
腰部的力气往上回正。

LULU提醒你

1. 初学者可用双手撑住砖头或书本。
2. 不要含胸及拱背，尽可能保持背部延展。
3. 避免膝盖内扣，膝盖应与大脚趾同方向。
4. 关节较松者，应避免刻意下压膝盖。膝盖疼痛时，可微弯膝盖，以保持膝
盖的弹性与稳定。

上胸延展式

主攻 内凹肩

难度 ★★★★

功效： 刺激淋巴，加强上半身新陈代谢，消除脸部水肿，紧实肩颈线条。

〔美颈瑜伽必杀技〕

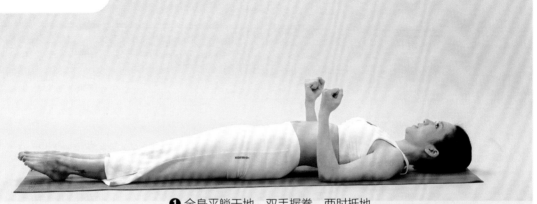

❶ 全身平躺于地，双手握拳，两肘抵地。

❷ 吸气，将头、胸及腹部往上挺起，背部拱起，下巴上提，头顶地，保持5次呼吸。

LULU提醒你

1. 避免只有后脑勺着地，应让整个头顶触地。
2. 姿势停留时，头请勿左右晃动，以免伤及颈部。
3. 注意勿折腰，应尽可能打开胸口及喉腔。

弓式

主攻 肩颈线条不佳

难度 ★★★★

功效： ① 强健背部肌肉与脊椎弹性。
② 稳定肩颈肌群，美化线条。

{ 美颈瑜伽必杀技 }

❶ 身体俯卧在地，额头贴于地面，双腿并拢。双腿后折，手臂往后抓到脚踝。

❷ 吸气，用背部、腹部力量将上半身与双脚提起，胸口往前扩张，双手手肘伸直，脚踝往后施力，臀部微微夹紧，双腿往上延伸。只有腹部贴在地板上，保持呼吸10~20秒。

LULU提醒你

1. 要收紧臀部及大腿肌肉。
2. 呼吸会感觉较浅，这是正常现象，勿憋气。
3. 双手握住脚踝时要伸直。
4. 怀孕、背部受伤及正值生理期者，应避免此动作。

Chapter 8

6招瑜伽让你变美胸女神
6 Yoga Poses to Push Up Your Breast

按摩、运动+食补，立体美胸很容易！

很多人可能都不知道，胸部的美丽、丰满和坚挺与运动和饮食息息相关。只要在日常生活中做好这两件事，即使过了青春期的发育阶段，还是可以让胸部up up喔!

通过运动，女生可以强化胸部肌肉群，使胸部坚挺不下垂。而正确的饮食，则可以帮助内分泌及雌激素维持正常，调整胸部的脂肪比例，使胸部更加丰满。

美胸看这里Tips

1.平常可以多食用含有植物性雌激素的食物，例如豆浆、枸杞、红枣、豆类、山药、核桃、松子、燕窝、银耳、花生等，在排卵期食用效果更佳。此外，鱼、虾、蟹等海鲜类食品，对于美胸也有很大的帮助。

2. 用餐要定时定量，维持血糖稳定。饮食不正常会让血糖不稳定，容易造成内分泌失调或手脚冰冷的症状。

3.保持心情平和、愉快。心情愉快是内分泌正常的一大要素。

4. 正确选择内衣。

5. 睡眠充足。

美胸肌肉图解

❶ 胸大肌

位于胸前皮下，为扇形扁肌，是支撑女性乳房的肌肉。要维持胸形漂亮不下垂，胸大肌是最主要的肌肉。

❷ 背部肌肉群

想要胸部坚挺，背部的肌肉群也要加强训练，才能让胸口上挺、胸形漂亮。

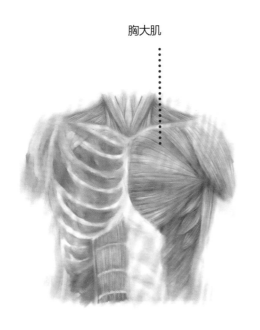

胸大肌

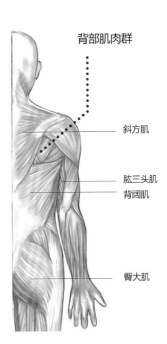

背部肌肉群

斜方肌

肱三头肌

背阔肌

臀大肌

蛇式
主攻改善胸部下垂
难度 ★ ★

功效： ① 可借由地板按摩下腹部，达到刺激、活化子宫及卵巢的功能，促进内分泌正常，也可以紧实、延展胸部肌群，是具有双重效果的动作。
② 加强脊椎弹性，强化背部肌肉群、胸部肌肉。
③ 预防胸部下垂。

〔美胸女神瑜伽〕

❶ 身体俯卧在地，双手手掌放于胸口两侧做支撑，手肘朝上紧靠身体。

❷ 吸气，用腹部、背部力量将上半身向上提起，下巴微微抬起，扩胸、沉肩，双腿并拢，伸直向后延伸，保持5次呼吸。

LULU提醒你

1. 脊椎或背部受伤者不宜做此动作。
2. 手肘保持弯曲，运用背部的肌肉力量往上扬。
3. 初学者应让手肘保持弯曲，运用腹部及背部的肌肉力量往上扬。
4. 小心勿折颈椎。应感觉从胸口、喉咙到后脑勺呈一抛物线，有向上延伸的力量。
5. 肩膀勿上提，应下沉，并保持胸口的扩展。

祈祷上扬式

主攻 改善胸部下垂

难度 ★★

功效： 适合随时随地练习的动作，训练胸大肌
与背阔肌，预防胸部下垂。

{ 美胸女神瑜伽 }

❶ 坐姿，双手合掌，手肘相合，
上臂与肩膀平行。

❷ 吸气，手肘上提，保持
呼吸10~15秒。

*LULU*提醒你

背部要直，腰不要弯，手肘确实夹紧。

上胸延展式
主攻 防止副乳产生
难度 ★ ★ ★ ★ ★

功效： 训练胸大肌，防止副乳产生。有很大的反地心引力效果，能有效预防胸部下垂，可多加练习。

{ 美胸女神瑜伽 }

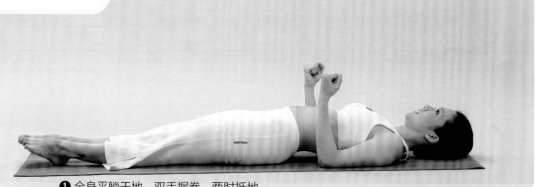

❶ 全身平躺于地，双手握拳，两肘抵地。

❷ 吸气，将头、胸及腹部往上挺起，背部拱起，下巴上提，头顶地，保持5次呼吸。

LULU提醒你

1. 属于有一点难度的动作，若柔软度不够好，可以使用抱枕辅助。
2. 避免只有后脑勺着地，应让整个头顶触地。
3. 姿势停留时，头请勿左右晃动，以免伤及颈部。
4. 注意勿折腰，应尽可能打开胸口及喉腔。

背后祈祷式
主攻 美化胸部线条

难度 ★ ★ ★ ★

功效: ① 非常适合上班族及计算机族的伸展动作。可以舒缓肩颈背部酸痛,常常练习可以延展胸大肌,活化呼吸系统。
② 刺激乳腺,有丰胸及美化胸部线条的效果。如果是产后的妈妈来练习,更可以促进乳汁分泌。

{ 美胸女神瑜伽 }

❶ 跪坐于地,背部伸直。

❷ 双手于后背合掌,手肘外开,保持5次呼吸。

LULU提醒你

1. 如果柔软度不佳,双手手指可于下背部交叉相扣。
2. 肋骨要收,避免腹部向前凸出。

喷泉式
主攻 副乳、拉长身体线条
难度 ★★

功效： ① 训练背阔肌与胸大肌，加强循环。
② 训练身体上部至手臂的肌肉力量，预防副乳及拉长全身肌肉线条，使身材看起来更修长，也有伸展脊椎的效果。

{ 美胸女神瑜伽 }

❷ 吸气，头略略抬起，眼看上方，全身有向上延伸的感觉。

❶ 站立，吸气，双手往外张开、手肘拉直，于上方合掌，手臂高举过头，并贴在耳朵两旁。

LULU提醒你

1. 心脏病、高血压、脊椎重伤及怀孕者，不适合做此动作。
2. 上半身往上的力量，是像喷泉般地往上提升，而不是往后弯曲背部、折腰。
3. 让颈部伸展，而非压迫颈椎。

后祈祷延展式
主攻 副乳
难度 ★★

功效： ① 是一个随时随地都可以练习的动作，尤其是在办公室，建议每个小时做1次，可以提升精神及工作效率。
② 在美化身体线条方面，有延展手臂肱二头肌、胸大肌，预防副乳产生的效果。

❶ 跪坐姿，双手在背后握拳，眼睛平视前方。

❷ 吸气，手肘打直，保持10~15次呼吸。

LULU提醒你

1. 双手无法在背后交握者，可用毛巾或瑜伽绳辅助。
2. 腰部直立，避免过度折腰。

Chapter 9

掰掰肉OUT！
美臂速成班
Say Goodbye
To Your Arm Flap
无痛苦，一次解决两种难看的掰掰肉！

掰掰手（又称掰掰肉、掰掰袖、蝴蝶袖）的类型，分为肌肉型及肥肉型两种。肌肉型的掰掰手，就像健美先生一样肌肉线条短而粗，整个人看起来很像金刚芭比！

形成的原因通常是因为常常举起过重的物品、抱小孩太久，或者是习惯用手臂使力来做事情。

要抢救肌肉型的掰掰手，没有别的方法，只能靠延展肌肉来改善。瑜伽是延展肌肉最好的运动，可以让身体的肌肉变得比较柔软。

还有，记得不要再用手臂来做太多粗重的工作，要多训练借用背部的力气！

当你穿着清凉的露背装时，发现手臂末端出现碍眼的肉团，这就叫做肥肉型的掰掰手。感觉很沮丧，不是吗？手臂局部的肥胖通常是因为经络的阻塞、穴道的气滞或血淤、代谢机能不顺畅造成的。

要抢救这一型的掰掰手，我们除了要多做延展之外，还要多做能够加速新陈代谢的动作，让血液和水分比较容易代谢掉。

手臂容易肥胖的人，通常心脏功能不太好，因此最好能够多做让胸口打开的瑜伽动作，手臂的肌肉线条就会变得比较漂亮。

功效： 延展手臂肱三头肌，消除掰掰手，加强上臂血液循环。

背后连接式
主攻 肌肉型掰掰手
难度 ★★★

❶ 跪坐姿，右手肘朝上，左手肘朝下。

❷ 两手掌于背后交扣，扩胸，开肩。两手肘上下呈牛角状，保持5次呼吸，换边。

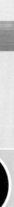

LULU提醒你

1. 双手无法在背后交扣者，可用毛巾或瑜伽绳辅助。
2. 手肘往上方及下方撑开，以利肩背的伸展。
3. 尽可能保持胸口的扩展。

功效： 延展手臂肱二头肌，美化粗壮的手臂。

后祈祷延展式
主攻 美化手臂线条
难度 ★★

❶ 跪坐姿，双手在背后握拳，眼睛平视前方。

❷ 吸气，手肘打直，手臂尽量向后延展，感觉胸部的打开，保持10~15次呼吸。

LULU提醒你

1. 双手无法在背后交握者，可用毛巾或瑜伽绳辅助。
2. 腰部保持直立。

功效： 延展手臂肌肉群，美化线条。

三角式
主攻 延展肌肉、美化手臂线条
难度 ★★

❶ 双腿打开(宽度约为自己一条腿的长度)，双脚脚板内缘平行。

❷ 吸气，脊椎往上延伸，带动双手往两旁举起，手心朝下。

❸ 大腿往上延伸，膝盖伸直，避免臀部往后翘。双手往旁延展，保持呼吸，停留20~30秒。

LULU提醒你
当动作停留时，要不断延伸身体的末端，找到身体的重心，达到平衡。

功效：**加强手臂力量及循环，消除赘肉。**

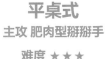

平桌式
主攻 肥肉型掰掰手
难度 ★ ★ ★

❶ 坐在地板上，双腿弯曲，打开与臀部同宽，双手放在臀部后方与肩同宽，脊椎延伸，背部挺直，眼睛直视正前方。

❷ 吸气，双手撑地，双脚推地，臀部往上抬。上半身平行于地板，想象自己的身体要跟桌面一样平坦，头往后仰起，保持5次呼吸。

LULU提醒你

1. 手腕受伤者可用瑜伽砖辅助，减少手腕承受的压力。
2. 可用瑜伽绳套住双腿，避免因腿部力量不够，双腿膝盖外翻，造成脚踝过大的压力。
3. 低血压者，头避免后仰过度，造成晕眩。

功效： 延展手臂前三角肌，美化线条。

背后祈祷式

主攻 肌肉型掰掰手、美化手臂线条

难度 ★ ★ ★

❶ 跪坐于地，背部伸直。

❷ 双手于后背合掌，手肘外开，保持5次呼吸。

LULU提醒你

如果柔软度不佳，双手手指可于下背部交叉相扣。肋骨要内收，避免腹部向前凸出。

功效：加强身体上部至手臂的肌肉力量及循环。

喷泉式
主攻 手臂肌肉线条

难度 ★ ★

❶ 站立，吸气，双手往外张开，手肘拉直，于上方合掌，手臂高举过头，并贴在耳朵两旁。

❷ 吸气，头略略抬起，眼看上方，全身有向上延伸的感觉，保持呼吸。

LULU提醒你

1. 心脏病、高血压、脊椎重伤及怀孕者，不适合做此动作。
2. 上半身往上的力量，是像喷泉般地往上提升，而不是往后弯曲背部、折腰。
3. 让颈部伸展，而非压迫颈椎。

Chapter 10

当个性感百分百的背影杀手
Get A Sexy Silhouette

坐姿站姿决定了你是虎背熊腰，还是美背工妹！

你是不是常常困扰于自己明明不算很胖，却有个怎么看怎么臃肿、非常不好穿衣服的虎背熊腰?!

我们的背部线条美不美、是不是容易肥厚、长不长赘肉，都跟我们平常的坐姿和站姿正不正确息息相关。

坐姿方面，当我们坐着使用计算机时，建议你所有的角度都是呈90°。例如：大腿与小腿呈90°，上半身与大腿呈90°，上手臂与下手臂呈90°。因为90°是最不花力气、最容易延伸肌肉的角度。

当我们站着的时候，错误的姿势通常跟提重物或是背包包有关。

背包包的时候要轮流换边背，不然肩膀就会一高一低的，这样容易造成脊椎侧弯，背部线条就会不漂亮。

习惯性驼背的人，背部力气比较不够，要多训练背部肌肉，才可以站得比较笔挺，背部线条比较漂亮。

训练站姿的时候可以把背部贴着墙壁，还可以在做坐姿直立式这个动作时，用背部贴墙来训练背部的力量，让上背的肌肉比较挺、比较直，站的时候就比较不容易驼背。

站着的时候身体不够挺直，还通常跟骨盆前倾和后倾有很大的关系，必须正确调整自己的骨盆。

骨盆不管是前倾或后倾，都会造成背部线条弯曲。

前倾时，背部线条会往后，肩胛骨会收起来，肌肉就容易紧绷；后倾时，则容易造成驼背、腰酸背痛，腰椎容易受到压迫。

身体的肌肉就好像积木一样，肌肉与肌肉之间是连在一起而不是各自独立的。不管我们站着或是坐着的时候，每个肌肉群都要平均地利用和活动到，这样才可以站得漂亮、坐得漂亮，也才能一直保持健康的体态。

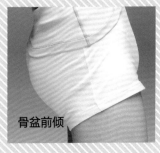

骨盆前倾

骨盆后倾

虎背熊腰绝不是一天造成的

只要是爱美的女生，一定会希望自己拥有白皙光滑、线条完美的背部曲线，但偏偏背部是我们最容易忽略，也是最不容易照顾到的部位。

所以如何雕塑出令人羡慕的美背，已经成为所有正妹都一定不能忽略的保养功课了！

背部肥厚难看常见的问题有两种，分别是驼背及肥肉背。一定要先了解形成的原因，才能找到对症下药的方法！

造成驼背的原因很多，大部分是因为背肌平常不习惯用力或力气不够，而将支撑身体的主要力量都交给了胸肌，所以无法将身体重心拉回中心线。

严重的驼背，会影响我们的呼吸系统及胸腔器官，所以必须加强上背部肌肉力量，让身体各部位肌肉力量均衡，自然就不会驼背了。

至于要消除令人伤透脑筋的肥肉背（肥厚的虎背熊腰），由于全身的肌肉群就属背部肌肉群最不容易训练，所以一定要勤于练习特定的瑜伽动作，才能燃烧脂肪，美化背部线条。

更 多 关 于 改 善 驼 背 的 瑜 伽
请上FG视频美人教室http://video.fglady.cn/

☆背阔肌

位于腰背部和胸部外侧，是全身最大的肌肉群。由于背阔肌部分纤维起于肋骨，因此它可协助提起肋骨，帮助身体向上稳定，可以用来改善驼背的现象。

☆棘肌

位于脊柱两侧，像两根大立柱，从头部的枕骨到脊柱的最末端，是支撑脊椎的肌肉群，也是用来稳定身体、改善驼背的肌肉。

美化背部的肋骨呼吸法

☆保持盘坐姿势，闭上眼睛，全身肌肉放松，不刻意用力。
☆吸气，感觉气体从喉咙进入，并振动声带，因此会自然发出细微的呼吸声。
☆让气体逐渐充满下腹部、上腹部，肋骨也随之往外扩张开来，持续吸气，直到气体充满整个上半身（包括胸腔、背部），再缓缓将气体完全吐出体外。整个吸吐气的循环尽量长且深。

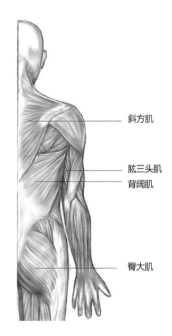

我们该加强训练的背部肌肉图

斜方肌

肱三头肌

背阔肌

臀大肌

肋骨呼吸法可以有效地运用呼吸来训练背部肌肉群，常常练习也可以增加肺活量，促进身体的新陈代谢。

功效： 加强背部柔软度，代谢、消除赘肉。

猫式
主攻 矫正肥肉背

难度 ★★

❶ 膝盖跪地，双手撑地，身体呈∏字形。吐气，尾椎内卷，腹部内收，背部拱起，下巴靠近锁骨。

❷ 吸气，双手掌心撑地，背部向前延展，头抬起，眼睛看前方；吐气，再回到动作1。吸吐为1次动作，大约做5~10次。

LULU提醒你

1. 手掌与膝盖之间的距离应为身体的长度，使脊椎能在最轻松的状态下活动。
2. 手肘关节需保持稳定与弹性，关节较松者需特别注意，勿卡死手肘处。
3. 不要将上半身力量往下压，应将肩膀向后推开，让胸口向上提起。

功效：延展背部肌肉线条，加强代谢。

手部鹰式
主攻 矫正肥肉背

难度 ★ ★ ★

{ 美背瑜伽必杀技 }

❶ 坐姿，左手越过右手，双肘弯曲。

❷ 手掌相合，眼看指尖，尾椎内卷，腹部内收上提，扩胸，开肩，保持呼吸10~15秒，再换边。

LULU提醒你

1. 小心勿折颈椎。应感觉从胸口、喉咙到后脑勺呈一抛物线，有向上延伸的力量。
2. 手肘上提同时让肩膀下沉，肩胛骨才能有足够的空间延展。
3. 腹部上提，勿折腰。

功效： 加强背部柔软度，代谢、消除赘肉。　　{ 美背瑜伽必杀技 }

锄式

主攻 矫正肥肥背

难度 ★★★★

❶ 全身平躺于地，双腿、臀部向上提起，手肘撑地，手掌扶背，胸口紧靠下巴，双膝弯曲。

❷ 双腿向后伸直，脚趾触地，保持5~10次呼吸。

LULU提醒你

1. 初学者可在脚下放一枕头，以减少背部及腿部的压力。
2. 尽可能将锁骨靠近下巴，让背部及腿部得到最大的伸展。
3. 姿势停留时，头勿左右晃动，以免伤及颈部。

勇士式Ⅲ
主攻 矫正驼背

难度 ★★★★

功效： 加强腰腹臀力量，美化背部线条，预防驼背。

❶ 双腿伸直站立，双手伸直，在头顶上方合掌。吸气，重心移至右腿，左腿向后提起。

❷ 吐气，躯干与双手向前延伸，直到左腿及躯干与地面平行。保持身体稳定、平衡，保持5次呼吸，再换边。

LULU提醒你

1. 初学者可利用墙壁或椅子作为辅助。
2. 初学者肌肉力量不够时，也可将站立腿的膝盖微弯，以免膝盖压力过大而受伤。
3. 上半身与双腿应呈一直线，而非一高一低。

金字塔式
主攻 矫正驼背
难度 ★ ★ ★

功效： 延展背部肌肉群，训练背阔肌，防止驼背。{ 美背瑜伽必杀技 }

.... ❶ 猫式预备。

❷ 吸气，膝盖离开地板，先让膝盖保持一点弯曲，后脚跟离地，延伸小背（尾骨到腰之间），坐骨往天花板延伸，双脚保持平行。

❸ 吐气，双脚大腿往后推，后脚跟放到地上伸直膝盖，拉长腿部肌肉而不是用力顶住膝盖，两脚保持平行，大腿肌肉往内延伸。手臂往前延伸带动腰部以上的背部肌肉，延展头部、颈部、手臂、肩膀及背部，坐骨往天花板延伸，上半身保持一条直线，停留10次呼吸。

LULU提醒你

1. 有高血压及头痛症状的人，必须使用瑜伽砖或瑜伽枕支撑头部。
2. 柔软度不佳者，可以弯曲膝盖。

弓式

主攻 矫正驼背

难度 ★★★★★

功效： ① 强健背部肌肉与脊椎弹性。
② 改善驼背现象。

❶ 身体俯卧在地，额头贴地面，双腿并拢。双腿曲膝，手臂往后抓到脚踝。

❷ 吸气，用背部、腹部力量将上半身与双脚提起，胸口往前扩张，双手手肘伸直，脚踝往后施力，臀部微微夹紧，双腿往上延伸。只有腹部贴在地板上，保持呼吸10~20秒。

LULU提醒你

1. 要收紧臀部及大腿肌肉。
2. 呼吸会较浅，这是正常的，勿憋气。
3. 双手握住脚踝时要伸直。
4. 怀孕、背部受伤及正值经期者，应避免练习此招式。

Chapter 11

水桶大婶变蛇腰美人
Don't! Downsize Your Waist!

有腰？没腰？ 防水肿、少吃肉是关键！

常常听到人家赞美性感美女有个迷死人的水蛇腰，可见对异性来说，女人富有弹性、纤细的腰肢确实会大大提高性感度，让男人目不转睛。但是，很多人在减肥的时候，却不知道该怎么让越来越粗犷的腰围瘦一圈！眼看着脂肪一直往那里集中、堆积，不要说梦想能有个水蛇腰了，不是水桶腰就不错了！

现在，在教你怎么从水桶腰大婶变成蛇腰美人之前，我们先来看看水桶腰是怎么养出来的。

水桶腰的肥胖是属于水肿型，特征是胖得很均匀，整个腹部都是圆圆鼓鼓的。这类型的人，腹部的皮肤通常很白，皮很薄，要想细腰就必须先解决水肿问题。想要预防水肿，晚上尽量不要喝太多水，不要吃太咸的食物！虽是老生常谈，但很少人注意到它的严重性和对身体的影响！

手脚冰冷的人，如果没有做运动，又喜欢吃冰冷的食物，或是经常处在潮湿、冰冷的空间里，体质会变得比较寒，更容易变成水桶腰。

肥肉腰的形成

肥肉型的腰很容易变成三层肉，瘦下来的时候就像游泳圈一样。这样的人通常比较嗜吃肉，因为饮食习惯造成脂肪容易堆积在腹部，建议可以在吃饭前先喝汤，再吃蔬菜，最后才吃肉类，不要把自己的身体变成酸性。

另外要提醒大家，肉类食物最好不要天天吃。如果真的非吃肉不可，可以选择鱼、鸡等白肉类的，尽量避免吃进太多红肉类（例如猪、牛、羊肉）。每餐最好只吃八分饱，因为让自己吃得太饱，容易累积脂肪和增加代谢难度。有肥肉腰的人，最容易放纵自己吃下过多食物，要特别注意！

更 多 关 于 缩 小 腰 围 瑜 伽 术
请上FG视频美人教室http://video.fglady.cn/

坐姿扭转式
主攻 水桶腰
难度 ★ ★ ★

功效： ① 增加脊椎弹性，舒缓背部酸痛。
② 延展胸锁乳突肌，紧实颈部肌肉，预防松弛。

❶ 自然盘腿坐好，双手放在膝盖上。

❷ 吸气，腰部以上平行向右边扭转，右手撑住地板，保持5次呼吸，再换边。

LULU提醒你

1. 肩膀勿紧张，应放松，让腹部、胸口与背部自然向后扭转。
2. 应从腹部开始扭转，而非只有胸口向后转。
3. 两边臀部不离地，胯部也不要歪斜或提起。

{ 蛇腰瑜伽 }

功效： 加强身体上半部至手臂的肌肉力量及循环。

喷泉式
主攻 肥肉腰
难度 ★★

❶ 站立，吸气，双手往外张开，手肘拉直，于头顶上方合掌，手臂高举过头，并贴在耳朵两旁。

❷ 吸气，头略略抬起，眼看上方，全身有向上延伸的感觉，保持呼吸5~10秒。

LULU提醒你

1. 心脏病、高血压、脊椎重伤及怀孕者，不适合做此动作。
2. 上半身往上的力量，是像喷泉般地往上提升，而不是往后弯曲背部、折腰。
3. 让颈部伸展，而非压迫颈椎。

功效： 延展侧腰部肌肉，有效瘦腰。

侧边延伸式
主攻 肥肉腰

难度 ★ ★ ★

❶ 双腿张开宽度约为一条腿长的距离，右脚板张开90度，左脚板内扣45度，骨盆朝向前方，双手向左右伸直与肩同高。

❷ 躯干向右延伸，右腿弯曲，右手放在大腿上，左手向上延伸，头转朝上，保持5次呼吸，再换边。

LULU提醒你

1. 弯曲腿的膝盖勿内扣，这样会使踝关节与膝关节受损。
2. 避免后腿弯曲，同时让后脚跟踩地，而非刻意下压膝盖。
3. 支撑手的肩膀勿下压，应让手掌膝盖，胸口上提。

功效：① 加强背阔肌群、核心肌群，美化腰部线条。
② 强化腿部、背部及手臂力量与弹性。

椅子式
主攻 肥肉腰
难度 ★★

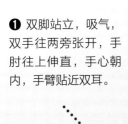

❶ 双脚站立，吸气，双手往两旁张开，手肘往上伸直，手心朝内，手臂贴近双耳。

❷ 吐气，双腿膝盖弯曲，上半身可微微往前倾（依个人自然脊椎曲线而定），让脊椎保持延展。肋骨及尾骨往内微微收起，眼睛直视斜前方，保持呼吸，停留10~30秒。吸气，双腿慢慢往上站直；吐气，手慢慢放回身体两旁，回到站立姿势。

LULU提醒你

1. 双腿平均施力，避免重心歪斜。
2. 腹部保持往上延伸的力量，勿将上半身力量往下坐。
3. 勿将肋骨过度往外打开，造成折腰现象。

弓式
主攻 水桶腰

难度 ★★★★★

功效： ① 紧实腰背肌肉群。
② 按摩腹部器官，改善消化系统及便秘现象。
③ 让臀部结实，美化手臂、腿部与背部线条。
④ 强健背部肌肉与脊椎弹性。
⑤ 改善含胸与驼背现象。

{蛇腰瑜伽}

❶ 身体俯卧在地，额头贴于地面，双腿并拢。双腿曲膝，手臂往后抓到脚踝。

❷ 吸气，用背部、腹部力量将上半身与双脚提起，胸口往前扩张，双手手肘伸直，脚踝往后施力，臀部微微夹紧，双腿往上延伸。只有腹部贴在地板上，保持呼吸10~20秒。

LULU提醒你

1. 要收紧臀部及大腿肌肉。
2. 呼吸会较浅，这是正常的，勿憋气。
3. 双手握住脚踝时要伸直。
4. 怀孕、背部受伤及正值生理期者，应避免练习此动作。

{ 蛇腰瑜伽 }

功效： 让双腿更强壮，消除腰部赘肉，美化腰部及臀部线条。改善呼吸及消化系统，增强脊椎弹性。

三角延伸式
主攻 水桶腰

难度 ★★★★

❷ 吸气，脊椎往上拉长；吐气，上半身从腰部往右边平行移动，将左侧腰肌延展开。

❸ 吸气，脊椎往前拉长，调整身体重心；吐气，右手往下拉长。左手手肘打直往上延伸，头慢慢抬起，眼睛看向左手手指。右手抓住右脚脚踝，左手往上延伸，脊椎往前拉长，胸腔往前打开，骨盆往前翻正，双腿往下踩稳。保持呼吸，维持姿势10~20秒，再换边。

❶ 双脚打开与肩同宽，右脚板向右转开90度，左脚板向右转动60度。

LULU提醒你

1. 双腿要打直，避免只用一手来支撑身体的重量。
2. 颈部受伤者头部可保持在正前方。
3. 头部、颈部和脊椎应在同一平面上，胸口及骨盆应尽量往前打开。

Chapter 12

抢救第二脑，拒当小腹婆
Say No To Buddha Belly

致命小腹婆，再好的身材也走样！

腹部常常被称为腹部脑，因为它是隐藏情绪的地方。当压力大时，我们常会把腹部当做垃圾桶，无意识地塞进过多食物，想要撑大自己的力量，事实上暴饮暴食和情绪不佳有着100%的关联。

研究发现，肠子除了有消化吸收的功能以外，还有复杂的感知传讯功能，所以有人把它称为小型脑或是第二脑。

美国纽约哥伦比亚大学神经学家迈克尔认为："那是由于我们的肚子里有个大脑。"他认为每个人都有第二个大脑，它位于人体的肚子里，负责消化食物，感受信息、外界刺激、声音和颜色。

通过深入研究后，腹脑实际上是一个肠胃神经系统，拥有大约1000亿个神经细胞，与大脑细胞数量相等，它能够像大脑一样感受悲伤情绪。研究还发现，成长过程中经历生离死别等伤痛的人，长大后很容易罹患肠胃方面的疾病。回想看看，我们在生气时是不是常常会感到胃部疼痛、腹部灼热不适？

研究也发现，患老年痴呆症及帕金森病的病人，常在头部和腹部发现同样的组织坏死现象，而当脑部中枢感觉到紧张或恐惧的压力时，胃肠系统的反应则是痉挛和腹泻。

减脂肪也要减情绪

腹脑也会生病，而且比头脑的毛病还多！当腹部神经功能紊乱时，腹脑便会发疯，导致人的消化功能失调，影响身心健康。我们平日可以借由精油和瑜伽来察觉自己的情绪问题，进而控制饮食，帮助自己健康地减重。减去脂肪，也减去不必要的压力与情绪，给身体找到正确的补给与出口，才不会让腹部脑塞满了脂肪与负面情绪。

腹部肌肉比体内其他肌肉更容易消退，因此腹部也成为脂肪容易囤积的地方。腹部脂肪过量囤积或凸出，有时候是因为病理原因，不只是肥胖造成的。因此，下腹部长期凸出或肥胖，千万不能忽视！如果你属于脂肪型的小腹婆或大肚腩，运动是最好的改善方法。

腹部是我们人体的第二个脑，体内囤积过多老废物质或负面情绪，容易造成腹部肥胖。训练腹部肌肉可以改善健康状况及情绪，所以，跟着我一起当个健康快乐的小富婆，不要做小腹婆喔！

腹式呼吸抢救腹部脑

腹部功能复杂，与大脑直接联结，所以调理刺激腹腔，可以解决情绪紧张及焦虑造成的腹部肥胖。腹式呼吸不止可以训练腹部肌肉力量，紧实腹部，也可以调节自律神经系统，改善消化、排泄、创造脑内啡肽，让人感到轻松，使大脑与腹部找回和谐，达到减重的效果。

腹肌图解

★腹斜肌

分外斜肌及内斜肌，是腰腹动作的主要肌肉群。

★腹直肌

位于腹部正中线的两侧，主要是稳定骨盆及脊椎位置。

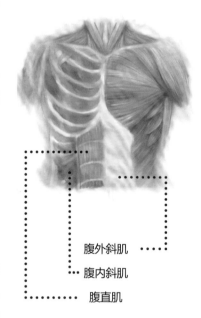

腹外斜肌
腹内斜肌
腹直肌

致命小腹婆

　　小腹婆可分为胃凸型、下腹凸出型及水桶型。这三种类型的肥胖是由不同原因造成的。

　　胃凸型的肥胖，是由于姿势不良、食量过大以及胃部消化功能不佳造成胃胀所引起。这类型的人因为长期把肋骨打开，把胃部往前顶，容易造成上腹肌肉松弛、胃部凸出的现象。而过度饱食或情绪紧张造成的消化不良，也是造成胃凸的原因之一。长期把胃部肌肉撑大之后，想要再瘦就很难。必须利用瑜伽运动来调整姿势，训练肌肉力量，避免肋骨外开。

　　下腹凸出的主要原因是内分泌失调、子宫和卵巢功能不佳及姿势不良。这类型的人可以利用瑜伽动作来刺激腹部器官及穴位，加强新陈代谢，预防水肿。

　　水桶型肥胖则是属于水肿型肥胖，容易因为气虚体寒造成代谢不佳，水分滞留在腹部不易排出。借由运动及按摩可以刺激腹部器官代谢，使水分排出，达到瘦身的效果。

坐姿直立式
主攻 胃凸型
难度 ★ ★

功效： ① 驼背或姿势不良者，可背靠墙练习，有矫正脊椎的效果。
② 强化肋骨及上半身力量，紧实上半身肌肉群，改善胃凸。
③ 加强背部及脊椎力量，矫正不良姿势。

❶ 臀部坐地，双脚弯曲，躯干保持向上直立。

❷ 尾椎内卷，腹部内收上提，以腹部与下背部为主要发力点，保持15次呼吸。

LULU提醒你

1. 勿耸肩，将肩膀下沉，保持前胸与后背的放松。
2. 勿拱背，肋骨和下腹内收上提，保持背部的延展。
3. 双腿不弯曲也不外开，让双膝保持朝上并且伸直双腿。
4. 柔软度及力气不够者可使用瑜伽绳或靠墙练习。

{ 消小腹瑜伽 }

船式曲膝
主攻 水桶腰
难度 ★★★★

功效： ① 紧实腹部肌肉，美化线条。
② 加强大腿内侧肌肉紧实度及下腹部力气。
③ 刺激下腹器官，加强水分代谢。

❶ 臀部坐地，双腿弯曲保持平行，
背部向斜后延展。

❷ 吸气，右腿离地弯曲，尾椎内卷，
腹部内收，躯干向上延伸，保持5个呼
吸，再换边。

进阶版：双手离地向前延展。

LULU提醒你

1. 勿含胸、拱背，应让背部保持向上延展。
2. 应保持颈部的延展，让下巴上提，眼看前方。
3. 肩膀不要紧张，应放松，让腹部、背部与腿部自然伸展。

平板式

主攻 胃凸型、水桶型

难度 ★★★

功效： 此动作可加强全身的新陈代谢，适合手脚冰冷的水桶型，加强腹背的肌肉力量，协调、延展腰腹线条。

{ 消小腹瑜伽 }

❶ 猫式预备，右腿往后延展。

❷ 手臂打直，稳定撑地，双腿向后伸直，脚趾触地，眼看地面，以腹部与腰部为中心点，身体呈一直线，保持5个呼吸。

LULU提醒你

1. 肩膀勿拱起，应让双手推地，胸口上提。
2. 避免将重心放在腰部，造成折腰。尽可能将力量放在腹部。
3. 身体没有塌陷或拱起，从头顶到脚跟应呈一斜直线。

坐姿扭转式

主攻 胃凸型、下腹凸出型

难度 ★ ★

{ 消小腹瑜伽 }

功效： ① 延展腹斜肌，活化脊椎，稳定腰椎。
② 刺激下腹器官，加强水分代谢，改善胃胀气、便秘。
③ 强健消化系统，消除腰部赘肉，美化身体线条。

贴心小秘方

可以于清晨喝一杯温开水之后练习这个动作，对于排便有很大的功效喔！

❶ 自然盘腿坐好，双手放在膝盖上。

❷ 吸气，腰部以上平行向右边扭转，右手撑住地板，保持5次呼吸，再换边。

LULU提醒你

1. 肩膀勿紧张，应放松，让腹部、胸口与背部自然向后扭转。
2. 应从腹部开始扭转，而非只有胸口向后转。
3. 两边臀部不离地，胯部也不要歪斜或提起。
4. 背部要挺直，往上延伸后再做扭转。

椅子式

主攻 水桶型、下腹凸出型

难度 ★★★

功效：① 强力训练腰腹肌群，适合久坐不动的上班族，避免脂肪累积。

② 刺激强化腹部器官，加强代谢。

〔消小腹瑜伽〕

❶ 双脚微微打开站好，吸气，双手往两旁张开，手肘往上伸直，手心朝内，手臂贴近双耳。

❷ 吐气，膝盖弯曲，上半身可微微往前倾（依个人自然脊椎曲线而定），让脊椎保持延展。

❸ 肋骨及尾骨往内微微收起，眼睛直视斜前方，保持呼吸，停留10~30秒。

COCO提醒你

1. 双腿平均施力，避免重心歪斜。

2. 腹部保持往上延伸的力量，勿将上半身力量往下坐。

3. 勿将肋骨过度往外打开，造成折腰现象。

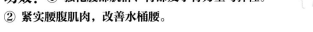

功效： ① 强化腹部肌群、背部及手臂力量与弹性。
② 紧实腰腹肌肉，改善水桶腰。

{ 消小腹瑜伽 }

脊椎平衡式

主攻 水桶型、下腹凸出型

难度 ★★★

❶ 从猫式出发，右脚往后延伸、点地，背部延展收肋骨。

❷ 吸气，右脚再往后延伸离地，肚脐内收，保持5~10次呼吸，再换边。

LULU提醒你

1. 双腿平均施力，避免重心歪斜。
2. 勿将肋骨过度往外打开，造成折腰现象。

Chapter 13

水蜜桃的秘密
Secrets To Sexy Hips

性感翘臀带来好桃花，也代表女人的健康。

臀部，是掌管我们生殖系统、生育大计以及稳定骨盆腔功能的重要部位，如果臀部线条不佳或者比较肥胖，代表你的生殖系统出了问题。

很多扁臀族就是因为姿势不良而造成骨盆后倾，导致臀部扁塌。姿势不良、臀形不好的人，长期下来骨盆的韧带及关节也会因为受到不良的牵制，影响到生殖系统。所谓的大屁屁，是因为长期缺乏臀大肌的训练，造成骨盆前倾，使得臀部肌肉松软、下垂、缺乏弹性，容易造成对腰椎的伤害，健康也会受到影响。

爱美的女生们一定没想到，臀部竟然可以对我们造成如此大的影响。所以，我们更应该好好照顾我们的臀部，让它永远都是俏挺又迷人的水蜜桃！

更多关于上班族必学！ 速效瘦臀瑜伽
请上FG视频美人教室http://video.fglady.cn/

蝗虫式

主攻 大屁屁

难度 ★ ★ ★

功效： 加强臀大肌及腰背的力量，避免臀部松软、下垂。

{ 美臀瑜伽必杀技 }

❶ 身体俯卧，额头贴于地面，手心向内贴在身体两侧，双腿并拢往下伸直。

❷ 吸气，用背部、腹部力量同时将上半身、双手、双腿往上抬起，上半身往前延伸，双手手心面对身体，臀部微微夹紧，双腿往后延伸。保持呼吸10~20秒。

LULU提醒你

1. 双腿勿张开过多，以不超过骨盆宽度为准。
2. 双腿勿弯曲，应伸直延展。
3. 避免只用腰部力量上提而造成折腰。请用腹部、背部及腿部力量向前后延展。

桥式
主攻 扁臀及下垂臀

难度 ★ ★ ★

功效： 加强骨盆稳定性，让臀部紧实，加强下盘的血液循环，让生殖系统更健康。

{ 美臀瑜伽必杀技 }

❶ 全身平躺于地，双腿平行曲膝，双手手心朝下置于身体两旁。

❷ 臀部向上提起，肩膀内收。以背部、腹部与大腿力量支撑身体，保持5个呼吸。

LULU提醒你

1. 脚板不外八，也不内八，让双脚保持平行，同时膝盖不要超过脚指头。
2. 肩膀不离地，只有背部离开地面。
3. 颈部不左右晃动，应保持颈椎正常的延展。

弓式
主攻 扁臀

难度 ★★★★★

功效： 加强大腿及臀部的肌肉群，借由地板刺激下腹器官，活化生殖系统。

{ 美臀瑜伽必杀技 }

❶ 身体俯卧在地，额头贴地面，双腿并拢。双腿后折，手臂往后抓到脚踝。

❷ 吸气，用背部、腹部力量将上半身与双脚提起，胸口往前扩张，双手手肘伸直，脚踝往后施力，臀部微微夹紧，双腿往上延伸。只有腹部贴在地板上，保持呼吸10~20秒。

LULU提醒你

1. 要收紧臀部及大腿肌肉。
2. 呼吸会较浅，这是正常的，勿憋气。
3. 双手握住脚踝时要伸直。
4. 怀孕、背部受伤及正值生理期者，应避免练习此动作。

斜面式
主攻 大屁屁
难度 ★★★★★

功效： ① 让双腿、臀部、腹部、背部及手臂肌肉更强壮紧实。
② 背部得到伸展，加强脊椎弹性与促进循环。
③ 伸展胸部、肩膀，舒缓疲劳现象。
④ 加强新陈代谢。特别适合长期待在冷气房里的上班族。

{ 美臀瑜伽必杀技 }

❶ 双腿并拢，脚趾朝前，上半身微微往后倾斜，双手手掌移至臀部后方，指尖朝臀部方向。

❷ 吸气，双手手掌用力撑地，臀部、背部往上提起。双手手臂与地板垂直，双脚并拢，脚板尽量贴在地板上，头部自然往后垂下。收紧腹部、臀部及大腿肌肉。保持呼吸，维持姿势10~20秒。
❸ 吐气，臀部坐回地面，背部慢慢收回，头部最后提起来。双腿曲膝，双手往前抱住膝盖，颈部自然往下放松。

LULU提醒你

1. 怀孕者，手腕、颈部及腰部受伤者，不建议做此动作。
2. 手掌要用力撑地，避免手肘弯曲。
3. 头往后仰时，呼吸较浅，这是正常的，但切勿憋气。

功效： 抢救臀部下垂而又没时间运动的上班族，可以随时随地练习。

{ 美臀瑜伽必杀技 }

喷泉踮脚式
主攻 下垂臀型
难度 ★ ★

❶ 双脚并拢，身体重心放在脚底。

❷ 吸气，双手合掌往上延伸。头略略抬起，眼看上方，全身有向上延伸的感觉。

❸ 臀部夹紧，内收脚跟。吸气时踮起脚跟，吐气时让脚跟回地板，重复数次。

LULU提醒你

1. 不要折腰，让身体往上延展。

2. 低血压者可以视自己的身体状况练习，千万不要勉强。

平桌式
主攻 大屁屁

难度 ★ ★ ★

功效： 紧实臀部肌肉，训练大腿内侧肌肉力量，稳定骨盆，适合天天练习。

{ 美臀瑜伽必杀技 }

❶ 坐在地板上，双腿弯曲，打开与臀部同宽，双手放在臀部后方与肩同宽，背部挺直，延展脊椎，眼睛直视正前方。

❷ 吸气，双手撑地，双脚推地，臀部往上抬。上半身平行于地板，头往后仰，保持5次呼吸。

LULU提醒你

1. 手腕受伤者可用瑜伽砖辅助，减少手腕承受的压力。
2. 可用瑜伽绳套住双腿，避免因腿部力量不够，双腿膝盖外翻，造成脚踝过大的压力。
3. 低血压者，头避免后仰过度，造成晕眩。

Chapter 14

请叫我美腿女王
Beautiful Legs Made Easy

匀称、结实、线条漂亮的腿，是美女正妹们的必备武器。

拥有一双匀称、修长、没有赘肉的美腿，是所有女生共同的心愿和渴望！但是，要当个美腿女王可不是件简单的事！我们常常会由于久站，或是长时间穿着高跟鞋，导致气血循环不良，造成腿部肥胖浮肿，线条不美。错误及不当的运动方式，也会使大腿线条变得不好看。

大腿线条不漂亮的类型，大约可以分成3大类：肌肉型、西洋梨型及肥肉型。肌肉型的大腿肥胖，多半是因为不当的重量训练造成的。而大腿外侧的肥胖，则以西洋梨型较为常见。大腿内侧的肥胖，则通常是肥肉型的居多。

大腿的股四头肌是最难瘦下来的部分，要让大腿线条美丽、结实，除了可以借由瑜伽动作来延展大腿外侧及后侧的肌肉群之外，还可以借由按摩穴道来代谢大腿外侧的水分及脂肪，美化腿部线条。

生活中有那么多需要注意的地方，爱美的女生如果想要拥有一双人人称羡的美腿，就千万要注意喽！

更多关于击退四肢肿胀的消水肿瑜伽
请上FG视频美人教室http://video.fglady.cn/

功效：燃烧下盘及大腿脂肪。

勇士式 ||
主攻 肥肉型

难度 ★ ★ ★

❶ 双腿张开，宽度约为一条腿长的距离，右脚板张开90度，左脚板内扣60度，骨盆朝向前方。

❷ 吐气，右腿弯曲，双手张开伸直与肩同高，头转向右方。尾椎内卷，腹部上提，保持5次呼吸再换边。

LULU提醒你

1. 弯曲腿的膝盖勿内扣，这样会使踝关节与膝关节受损。
2. 避免后腿弯曲，同时让后脚脚跟踩地，而非刻意下压膝盖。
3. 肩膀勿紧绷，保持肩膀的平稳，让手臂向前后延伸。

功效：延展股四头肌，美化大腿线条。

{ 美腿女王瑜伽 }

英雄式
主攻 西洋梨型

难度 ★★★

❶ 曲膝跪坐，小腿紧贴大腿外侧，双手往上延伸。

❷ 尾椎内卷，腹部内收，胸部扩展，保持呼吸。

LULU提醒你

1. 脚背贴地面感觉疼痛时，可拿卷起的毛巾垫于脚背下。
2. 大腿前侧肌肉较紧者，可在臀部下垫砖，甚至在大腿与小腿中间垫一毛毯。
3. 下背部离地面距离过大或是肩膀较紧绷者，可于臀部下方放一个长枕或毛毯。

功效：燃烧下盘及大腿脂肪。

椅子式
主攻 肥肉型
难度 ★★

❶ 双腿平行站立，双脚打开与骨盆同宽。

❷ 吐气曲膝，上背部往前延伸，双手越过头顶向上伸直，尾椎内卷。

LULU提醒你

1. 避免刻意翘臀或将肋骨向前推，而使腰椎负担过重，下背部应保持平直延伸。
2. 膝盖保持弹性而非卡死。
3. 重心应在全脚掌，身体避免过于前倾或后倾。

功效： 延展大腿后侧肌肉群，美化线条。

站立前弯式

主攻 肥肉型

难度 ★ ★ ★

❶ 双腿伸直站立，双脚打开与骨盆同宽，吐气，躯干前弯。

❷ 腹部尽量贴近大腿，内收，躯干向下延伸，保持5次呼吸。

LULU提醒你

1. 初学者柔软度不足时，可利用瑜伽砖辅助，或者是弯曲双腿，以达到上半身放松的目的。

2. 下弯时，要尽量将腹部贴紧大腿，以避免背部拱起，导致背部肌肉紧张。严重者会引起背部疼痛。

功效：**燃烧下盘及大腿脂肪。**

三角前弯式
主攻 肌肉型
难度 ★★★★

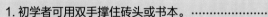

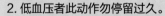

❶ 双腿往旁打开(约与腿长同宽)，膝盖伸直，双手叉腰。

❷ 吐气，上半身往前延伸，双手撑地保持呼吸。吸气，身体往前延伸，运用背部及腰部的力气往上回正。

LULU提醒你

1. 初学者可用双手撑住砖头或书本。

2. 低血压者此动作勿停留过久。

3. 双腿膝盖应伸直，脚板勿往外打开，造成脚踝过大压力。背应打直，肩胛骨放松，头顶轻易碰到地板者，可将双腿距离微微缩短。

功效：紧实腿部肌肉，加强下盘血液循环。

{ 美腿女王瑜伽 }

金字塔式
主攻 肌肉型
难度 ★ ★ ★

❶ 猫式预备，吸气，膝盖离开地板，先让膝盖保持一点弯曲，后脚跟离地，延伸小背（尾骨到腰之间），坐骨往天花板延伸，双脚保持平行。

❷ 吐气，大腿往后推，后脚跟放到地上，伸直膝盖，拉长腿部肌肉而不是用力顶住膝盖，两脚保持平行，大腿肌肉往内延伸。

❸ 手臂往前延伸，带动腰部以上的背部肌肉，延展头部、颈部、手臂、肩膀及背部，坐骨往天花板延伸，上半身保持一条直线，停留10次呼吸。

LULU提醒你
1. 孕妇不宜。
2. 有高血压及头痛症状的人，必须使用瑜伽砖或瑜伽枕支撑头部。

Chapter 6

抢救难看萝卜腿
How To Never Look Fat With Heavy Calves

高萝卜 V.S. 低萝卜，原来小象腿是这样养出来的！

我们常听人说萝卜腿、萝卜腿的，女生最怕自己小腿肌肉过于发达，长出"萝卜"来。其实，很多人都不知道，萝卜腿还分成"高萝卜"和"低萝卜"两种呢。

"高萝卜"是由于腓肠肌（俗称小腿肚子）太过于发达，穿高跟鞋时会出现很明显的萝卜腿；而"低萝卜"则是比目鱼肌（小腿肚下扁平的肌肉）比较发达，整个小腿都会显得比较粗壮，特别是接近脚踝的位置，有时候会连带有水肿的现象产生，所以整只小腿看起来都肿肿胖胖的。

要消除讨厌的萝卜腿，按摩手法很重要！"高萝卜"是肌肉型，因此重点是要尽量伸展腓肠肌；而"低萝卜"多半是属于浮肿型，所以要特别加强腿部的新陈代谢。

功效：延展小腿腓肠肌，消除肌肉型萝卜腿。 {萝卜腿克星瑜伽}

猫式伸展
主攻 高萝卜

难度 ★★

❶ 膝盖跪地，双手撑地，身体呈П字形。

❷ 左腿向后伸展，脚指头撑地，吐气，左脚脚跟往后靠近地板，伸展拉长小腿肌肉，5次之后再换边，可重复多次。

LULU提醒你

1. 手掌与膝盖距离应为身体的长度，使脊椎能在最轻松的状态下活动。

2. 手肘关节需保持稳定与弹性，关节较松者需特别注意，勿卡死手肘处。

3. 勿将上半身力量往下压，应将肩膀向后推开，让胸口向上提起。

功效：美化双腿线条，舒缓坐骨神经疼痛。　{萝卜腿克星瑜伽}

坐姿前弯式
主攻 高萝卜

难度 ★★★

❶ 臀部坐地，双腿向前伸直，背部往上延伸，双手撑地。

❷ 身体往前延展，腹部内收，背部向斜上方延伸，双脚脚板后钩，双手抓住脚尖，保持5次呼吸。

LULU提醒你

1. 初学者可使用瑜伽绳辅助。••••••••••••••••
2. 勿含胸拱背，应让背部保持向前伸直，以利脊椎的延展。
3. 膝盖勿外翻或内扣，让双膝保持朝上，以维持关节的稳定。

功效：**消除小腿浮肿及赘肉。**

{ 萝卜腿克星瑜伽 }

勇士I

主攻 低萝卜

难度 ★★★

❶ 双腿打开，宽度约
为一条腿长的距离，右
脚板张开90度，左脚板
内扣45度，骨盆朝向右
方，双手叉腰。

❷ 吐气，右腿弯曲，双手越过头顶向上伸直，眼看
上方，尾椎内卷，腹部上提，保持5次呼吸，换边。

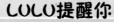

LULU提醒你

1. 弯曲腿的膝盖勿内扣，否则会使踝关节与膝关节受损。
2. 避免后腿弯曲，同时让后脚脚跟踩地，而非刻意下压膝盖。
3. 避免翘臀以及肋骨前推，应让腹部与下背部延伸，保持脊椎自然的曲线。

Chapter 16

复制欲望城市的性感足下风情
How To Never Look Fat With
Wide Feet & Ankles!
美丽的足踝，让你穿不穿鞋都性感。

脚踝是我们穿高跟鞋时好看与否很重要的部位，我们的双脚都要靠它才能够灵活动作。很多模特儿是穿上了高跟鞋之后，脚踝的线条才变得很美丽，连带着小腿看起来也修长又笔直。

要能轻松自在地穿上高跟鞋，展现女人的性感，必须加强训练脚掌的抓地力。所以在这个篇章里，我教你们的每一个瑜伽动作，主要都是在训练脚掌的抓地力，延长比目鱼肌和腓肠肌。学会了这些动作，以后你穿高跟鞋的时候，就可以让脚踝展现最美丽、优雅的一面。

要让脚踝漂亮，得注意以下 3 个重点。

❶ 有穿高跟鞋习惯的女生，一个星期最多只能穿 5 天，固定空出 2 天让脚踝休息，让小腿肌肉放松。
❷ 尽量在睡前把脚抬高，加强腿部的血液循环，才不会有浮肿的现象。因为脚是身体的末梢，循环较差，比较容易浮肿。
❸ 不要吃过咸的食物，否则会加重肾脏的负担，造成四肢浮肿。

我们的腿部有两个主要的肌肉群在管控：比目鱼肌和腓肠肌。比目鱼肌位于腓肠肌的最深层，它是膝盖弯曲的时候会用到的肌肉群，当我们要踮着脚走路（例如穿高跟鞋）时，比目鱼肌和腓肠肌就是很重要的肌肉群。所以要想脚踝漂亮，这两个肌肉群的延展和紧实是很重要的。

训练这两个肌肉群，就是要让它们更加紧实。很多女生因为缺乏运动，小腿肌肉比较松弛，到了年纪比较大的时候，就会容易有水肿；或是当新陈代谢比较不好的时候，肌肉也容易下垂，使得腿部的肌肉变得粗大、难看。

因此我们一定要常做延展、活动脚踝的动作，来训练这两个肌肉群，训练脚掌的肌肉，加强抓地力。

肌肉图解

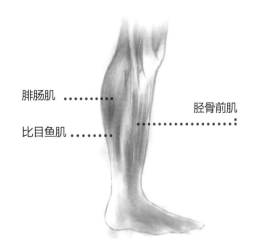

腓肠肌 ·········

比目鱼肌 ········

胫骨前肌
·······························

半蹲式
主攻 水肿型

难度 ★ ★ ★

功效：① 稳定足部力量，预防扭伤。

② 加强脚趾力量，训练脚掌肌肉群，预防因穿高跟鞋使力不当而造成的肌肉变形。

{ 性感足踝瑜伽 }

❶ 半跪坐姿，双手于胸前合掌。

❷ 吸气，膝盖离地并拢，保持呼吸10~15秒。

LULU提醒你

背部要伸直，不折腰。

{ 性感足踝瑜伽 }

功效：延展小腿肌肉线条，美化脚踝。

脚踝延展式
主攻 肌肉及浮肿型

难度 ★ ★ ★

❶ 平躺于地板上，双腿往天花板延展、伸直。

❷ 脚板往回钩，延展小腿肚与脚踝，来回练习5~10次。

LULU提醒你

1. 膝盖一定要确实伸直。
2. 肩膀不紧绷，要贴地。

功效： 促进下肢及脚踝血液循环，美化线条。

{ 性感足踝瑜伽 }

英雄式
主攻 下肢浮肿型
难度 ★ ★ ★

❶ 曲膝跪坐，小腿紧贴大腿外侧，双手往上延伸。

❷ 尾椎内卷，腹部内收，胸部扩展，保持呼吸。

LULU提醒你

1. 脚背贴地面感觉疼痛时，可拿卷起的毛巾垫于脚背下。······

2. 大腿前侧肌肉较紧者，可在臀部下垫瑜伽砖，甚至在大腿与小腿中间垫一毛毯。

3. 下背部离地面距离过大或是肩膀较紧绷者，可于臀部下方放一个长枕或毛毯。··········

功效： 延展小腿肌肉及脚踝肌肉群，美化线条。

{ 性感足踝瑜伽 }

坐姿直立式

主攻 肌肉型粗脚踝

难度 ★★

❶ 坐于地上，双腿伸直，脚板钩起，身体保持向上直立，与大腿呈90°直角。

❷ 尾椎内收，腹部内收上提，腹部与下背部为主要使力点，保持15次呼吸。

LULU提醒你

1. 勿耸肩，让肩膀下沉，保持前胸与后背的放松。
2. 拱背，收肋骨，下腹部内收上提，保持背部的延展。
3. 双腿不弯曲也不外开，让双膝保持朝上并且伸直双腿。

Chapter 17

俏妈咪产后瘦身、
调养瑜伽全攻略
How To Keep Shape & Health
After Birth

我们的身体在生产完之后，会有两个比较大的变化：

❶ 骨盆底肌肉松弛

骨盆底肌肉是用于支撑膀胱、子宫及肠子等内部器官的肌肉。骨盆底肌肉在生产过程中，承受了胎儿的体重而被撑开，如果产后我们没有加强骨盆底肌肉的收缩力量，以后在打喷嚏、咳嗽或是身体在紧张时，都可能出现尿失禁的现象，还有可能造成内部器官脱垂。

❷ 腹直肌分离

腹直肌是由我们的胸骨延展到耻骨，直立的两条肌肉。

在怀孕时，为了让胎儿有足够的空间，两侧的腹直肌会向外分开，这就是所谓的腹直肌分离。产后发生在腹部的松弛现象，主要就是因为腹直肌分离。通常产后一两天内就会发现自己的腹部特别无力并且松弛。

因此，产后瑜伽主要就是训练这两处的肌肉，包括腹直肌、腹斜肌和骨盆底肌肉。

如果有喂哺母乳的妈妈，要注意先哺乳完后再做瑜伽。因为在运动时，乳汁会变为酸性，婴儿会不想吸吮乳汁。练习瑜伽时，还要记得放置哺乳垫，以免造成溢乳现象，还要记得穿运动内衣来支撑胸部。

生产完，我们的腰椎、背脊、关节及韧带都会变得比较紧绷，产后瑜伽还有放松背部肌肉及髋关节韧带的作用。

6个月黄金瘦身期

产后瘦身绝不能急。怀孕期间，身体经过9个多月渐进的变化，变得非常敏感和脆弱，所以瘦身真的不能急，慢慢给自己时间调整、康复。尤其是如果还在哺乳阶段却急着瘦身，反而会给身体造成更大的负担。

产后6个月内都是我们可以好好把握的黄金瘦身时间，可以计划一下，如何利用6个月的时间慢慢瘦身，不要急于一时（新陈代谢比较快的人黄金瘦身时间是产后3个月内）。6个月内努力就有机会瘦下来，千万不要轻易举白旗喔。

自然生产的话，建议1个月之后再来上瑜伽课；剖腹产的人，2个月之后可以来上瑜伽课。之后如果自己在家里练瑜伽，可以从每天10分钟开始，不要太久。因为怀孕时身体会分泌松弛激素，也就是催产激素，为了顺产，我们的骨骼变得比较松弛。在生产之后2个月我们体内还是会有催产激素存在，所以这2个月的运动还是要小心一点。

产后瑜伽动作可以帮助瘦身，也可以帮助骨盆底肌肉收缩。在练习的时候，我们会着重在下盘和骨盆底肌肉的练习，避免太多的站姿，帮助核心肌肉群收缩。

腹式呼吸对产后妈妈很重要

为什么剖腹产必须要等2个月？

剖腹产有伤口，开刀后身体恢复要更久一点。手术完成良好的话，你的腹肌是不会受到影响的；但如果没有弄好，腹部的组织可能受到破坏，神经失去感觉。可以用腹式呼吸帮助自己先找回腹部的收缩感，然后再用比较简单的按摩手法加强腹部收缩，例如顺时针按摩法。腹式呼吸和顺时针按摩法都是可以帮助肌肉找回感觉和弹性的好方法。

产后瑜伽是一种比较轻松、不会让身体有太大的负荷，又能够持久训练肌肉的运动。由于我们的韧带、结缔组织及关节受到激素的影响，仍然很脆弱，不适合做太剧烈的动作，瑜伽这种温和的运动便再适合不过了。至于该从什么时候开始练习瑜伽，要视自己的身体状况来决定，并不是LULU老师说产后3周就非得要在产后3周做，在生产完的5～6周后开始做也可以。

产后的妈妈随时保持腹式呼吸是很重要的。无论是在照顾婴儿、日常生活或是工作时，尽可能练习使用腹式呼吸法，帮助腹部肌肉收缩。

胸部也要预防妊娠纹

　　有许多妈妈选择喂哺母乳，除了借由食物的吸收增加乳汁的分泌之外，也可以运用几个特定的瑜伽动作来促进乳汁的分泌，保持乳腺通畅。

　　产后胸部的瑜伽运动，主要是训练韧带对胸部的支撑。韧带在妊娠期和哺乳期都处于比较松弛的状态，所以要让韧带及胸部的肌肉结实，胸部才不容易下垂。胸部瑜伽必须持续不断地做，才会达到预期的效果。

胸部的保养

　　怀孕期间由于激素的作用，乳房会逐渐肿胀、增大，这主要是为哺乳做准备，以便产后能够分泌充足的乳汁。乳房在怀孕的过程中，很容易因为皮下组织的快速增大而产生妊娠纹。如果在怀孕期间没有做好保养，胸部很容易松弛或下垂，再加上妊娠纹，想要回复到生产前美丽的胸形，可说是难上加难。

　　我们都知道：预防胜于治疗。所以从怀孕期间开始，就要勤于保养胸部。想要避免胸部产生妊娠纹，建议可以使用甜杏仁油或是温和的身体乳液来按摩、保养胸部，增加皮肤弹性，紧实表皮肌肤。

　　甜杏仁油天然、温和，容易被人体吸收，而且可以食用，所以即使哺乳时被宝宝吃下去，也不会对宝宝有不好的影响。

产后瑜伽3阶段

坐月子・第2个月・产后3个月之后

生产后常常会有一个现象，就是虽然体重已经回复到正常的范围了，但是身体的结缔组织还是处于充分扩张的状态。这是因为在怀孕期间，我们的身体中储存了大量的水分，再加上受到激素的影响，肌肉和结缔组织变软，很容易造成蜂窝组织、橘皮、皮肤松弛的现象。常做瑜伽可以改善这些状况，再加上一些简单的按摩，可以促使身体里多余的水分迅速排出体外。

产后瑜伽还有一个很大的好处，就是可以抑制产后抑郁！

有些妈妈在产后受激素的影响，会有抑郁症或缺乏自信的状态出现，通过简单的产后瑜伽运动，可以帮助新手妈妈调整郁闷的心情和身体状况。瑜伽还是一种在家就能做的运动，可以改善许多身体和心灵上的不适，如果再配合腹式呼吸来调整呼吸的节奏，便能够避免新手妈妈总是过于紧张的精神状态，让她们适度的放松。

产后瑜伽所有的动作都要注意要慢一点，不需要太快，产后最主要的是恢复，因此做产后瘦身瑜伽，要在生产2个月之后再慢慢调整为强度较大的动作。

更多关于准妈妈必看！产后子宫修复瑜伽术
请上FG视频美人教室http://video.fglady.cn/

下面要介绍给妈咪们的产后瘦身瑜伽，我特别推荐尽量集中在产后的头6个月内多做。产后的头6个月之内，妈咪们都必须要特别注意保养、瘦身以及强化骨盆底肌肉。而过了头6个月之后，所有的瑜伽动作都可以做了。

第一阶段：坐月子期间

1.平躺抱球式 |
调养专攻 舒缓下背部不适

怀孕会造成骨盆腔和下腹部受压，背部很容易酸痛，加上很少有机会可以往前弯，因此在坐月子期间做平躺抱球式会觉得非常舒服，因为可以延展下背肌肉，放松髋关节，使背部得到完全的舒展。

▌▌▌ Please follow me！

● 平躺在地板上，下背部放一块比较软的垫子，双手抱住膝盖，头尽量靠近膝盖，让自己像一个球一样，保持呼吸5~10秒钟，再放松。做的次数可以依自己的体力而定。

2.单脚抱膝式 |
调养专攻 延展背部及下背肌肉，也可以延展股四头肌及髋关节

怀孕期间髋关节受到很大的压迫，在做这个动作时髋关节可以因为腿的弯曲而得到放松和伸展。产后1个月就可以练习这个动作，除了可以舒缓下背，还能帮助整个腿部肌肉的延展，让腿部线条慢慢恢复。产后的妈妈很久没有做过抱膝的动作，做这个动作很舒服，可以伸展到怀孕期间没有办法伸展到的所有肌肉群。

▌▌▌ Please follow me！

● 躺在地板上，一样要放软垫，右腿弯曲，膝盖靠近胸口，双手抱住膝盖，吸气。吐气的时候额头靠近膝盖，和吸气一样停留5秒钟，放松，再换另一只腿。

3.完全休息式 |
调养专攻 完全放松与恢复

这个动作目的在于放松全身的肌肉。产后妈咪因为要照顾baby，压力很大，睡眠质量不好，完全休息式是借由呼吸完全放松身体的肌肉，让妈咪能减小压力。在每次吸气、吐气的同时，要想象自己的身体好像是奶油一般，完全融化在地板上。这个招式比单纯的睡眠更能养精蓄锐，因为你是在有意识的状态下放松自己的身体，自律神经也可以得到完全的平衡。

▌▌▌ Please follow me！

● 平躺在地板上，膝盖下方放置一个软垫，身体完全放松，手放在身体两侧，向外打开，手心朝上。放松，背部整个贴在地板上。眼睛闭起来，深呼吸，然后再吐气。肩胛骨放松，保持呼吸，时间长度可以自己控制。

4.腹式呼吸法 |
调养专攻 帮助腹肌收缩、紧实

　　产后腹部比较松弛，子宫还没有完全收缩，腹式呼吸正好可以帮助我们在吸气、吐气之间紧实下腹部肌肉群以及内脏的肌肉，借由吸与吐来刺激子宫及卵巢，加速子宫的收缩，让腹部肌肉慢慢紧实、改善松垮。

▋▋▋ Please follow me！

a.坐姿 |
坐姿，双腿弯曲呈蝴蝶式（尾骨下方可放置枕头），背部拉长，双手轻放在下腹部，闭上眼睛，全身肌肉放松（不刻意用力），用鼻子吸气，感觉气体经由鼻子、喉咙、胸腔慢慢填满腹部，直到腹部完全隆起，再用鼻子缓缓吐气，将腹部的气体吐完为止。腹部自然下凹，再重复以上动作。

b.平躺 |
产后肚皮还是很松弛的状态，平躺的时候，记得臀部下面要放软垫，膝盖保持弯曲，身体保持放松，手可以放在腹部上面，进行腹式呼吸练习。

第二阶段：第2个月(月子期过后)可做的运动

1.猫式呼吸 |
调养专攻 放松、延展下背部、稳定神经

　　猫式呼吸为什么要第2个月才可以做?

因为怀孕的时候身体会产生一种松弛激素，让骨盆腔打开，关节韧带会比较松，松弛激素在产后2个月才会从身体中慢慢退掉，猫式呼吸会用到手腕、手肘的力气以支撑地面，如果松弛激素没有完全从体内排除，会容易受伤，所以强烈建议产后第2个月后再做比较安全。

　　做猫式呼吸对产后妈咪而言非常舒服，因为背部可以得到完全的伸展，也可以配合呼吸稳定你的自律神经。

▌▌▌ Please follow me !

● 采跪姿，吐气时整个背部拱起来，肚子内收，下巴靠近锁骨；吸气的时候从尾椎一节一节地往前延伸到头顶，背部拉长。

● 这个动作可以紧实腹部肌肉群、舒缓背部尤其是下背部疼痛，延展脊椎。

● 产后的妈咪要抱小baby，或是生活上很劳累，这个动作很适合用来改善身体上的疲累。

2.盘腿呼吸法
调养专攻 改善产后抑郁、沉淀思绪、消除下肢浮肿

产后静坐很重要，因为你要照顾宝宝，有很多事要处理，有时候还会有产后抑郁症，而静坐可以让思绪缓慢下来，静静地观察自己，让自己再次沉淀，再次出发。

盘腿对于消除双脚的浮肿很有帮助，产后浮肿还没有完全退去的妈咪，可以借由这个方法，加强下肢的血液循环。盘腿静坐可以完全依照自己的时间、速度，即使短短的一两分钟空当都可以好好运用，是很好的闭目养神的方法。

▌▌▌ Please follow me !

● 自然盘腿（背部可以靠墙），双手放在膝盖上，手肘弯曲，肩膀放松，背部挺直，眼睛闭上，全身肌肉放松，保持腹部的呼吸（用腹式呼吸），吸气，吐气。吸气时感觉有无限的养分被吸进身体里，吐气时感觉身体像奶油一样完全融化掉，把意志力完全放在呼吸上。

3.蝴蝶式 |
调养专攻 提肛缩阴、改善漏尿

　　这个动作最重要的是紧实骨盆底肌肉，有几个点必须要特别注意。

　　产后骨盆底肌肉是完全松弛的，要有意识经常运动它，所以要有提肛缩阴的感觉，吸吐之间膝盖上提，同时用到内侧肌及髋关节，紧实内侧肌肉及骨盆底肌肉。这个动作对于产后的妈妈非常重要，因为产后可能会有尿失禁或打喷嚏时漏尿的情况，整个人的气会往下沉，这是由于骨盆底肌肉不够紧实，所以每天都要练习蝴蝶式来改善上述的问题。

　　示范 ❶ 可以放松髋关节的肌肉群；示范 ❷ 可以训练骨盆底的肌肉。

▌▌▌ Please follow me！

● 坐在地板上，双脚脚掌互相轻靠，双手抓着脚尖，背部挺直，可以贴着墙壁，膝盖上下轻轻拍打10~20次。

● 吸气的时候，提肛缩阴，将骨盆底肌肉往上提，吐气放松、再吸气，双腿膝盖往上提，提肛缩阴，吐气放松。

❶

❷

第三阶段：产后3个月之后可做的运动

1.平桌式 |
调养专攻 紧实臀部肌肉、训练大腿内侧肌肉力量、稳定骨盆

3个月之后松弛激素基本退去了，但妈妈们的肌肉群还是很弱的，需要好好训练一下。

▌▌▌ Please follow me !

● 坐在地板上，双腿弯曲，打开与臀部同宽，双手放在臀部后方与肩同宽，脊椎延伸，背部挺直，眼睛直视正前方。

● 吸气，双手撑地，双脚推地，臀部往上抬。上半身平行于地板，头往后扬起，保持5次呼吸。

2.简易仰卧起坐 |
调养专攻 紧实腹部、帮助回复曲线

这个动作算是产后简易的仰卧起坐。产后的妈咪肚皮很松，所以要做仰卧起坐来紧实下腹部的肌肉群。如果不赶快让它紧实的话，腹直肌就不会得到完全的收缩，腹部的肌肉就会松松垮垮的。

产后的妈咪切记：不要让自己的身体太往上提！因为要收缩的是下腹部的肌肉群，不需要做太多上半身支撑不住的动作，手部的延伸特别重要。

▌▌▌ Please follow me !

● 身体平躺在地上，双腿打开与骨盆同宽，双腿膝盖弯曲，手放松。吸气，双手往前延伸，吐气的时候腹部及肚脐往内收，上半身微微离地，只用腹部的力气把上半身提起来，吸气后腹部慢慢回来，可以做10~20次，先放松一下再反复练习。

3.桥式 |
调养专攻 收缩臀部、预防臀部下垂

做这个动作可以紧实腹部肌肉群及臀大肌。

怀孕期间通常都会有一点水肿的现象，尤其是越接近生产的时候，肌肉越会扩张，水分充满整个身体。等到生产完水分流失之后，我们的皮肤和肌肉会变得很松弛，这时候我们就可以借由这个动作来紧实臀大肌。

▌▌ Please follow me！

● 整个身体平躺在地板上，记得要用软垫垫在腰部，双腿弯曲，背部打直，吐气。
● 吸气时，把臀部稍微往上提，停留10~15秒，保持呼吸，眼睛看着天花板，然后放下来。

4.蝗虫式 |
调养专攻 紧实背部、臀部线条

　　蝗虫式可以紧实背部、臀部肌肉群，稳定脊椎，延展全身的力气。动作难度比较高，是产后3个月才可以做的瑜伽动作。做的时候腹部贴地，可以放置一个软垫，以免髋关节感觉疼痛。

▎▎▎ Please follow me！

●额头贴地面，身体趴在地板上，手脚往后延伸，脚并拢。吸气的时候手往后延伸，脚略略离开地板，眼睛看前方，手往后拉长，保持微微的呼吸，10~20秒之后再吐气、放松。
●脸部肌肉及脖子的肌肉不要太僵硬，要保持放松的状态。

5.小桥式 |
调养专攻 紧实全身性肌肉线条

　　这个动作强调锻炼臀部、骨盆底肌肉。它可以紧实大腿肌肉群以及腹部、躯干、背部肌肉，对于产后想要瘦身的妈妈，这个动作会有很大的帮助。如果桥式对你来说感觉弧度太大，就可以改做这个动作。

▌▌▌ Please follow me！

●跟桥式不一样的地方是小桥式重心比较低，预备动作（上图）是手肘靠在地板上面，臀部放在地板的软垫上，双腿弯曲。吸气的时候（下图）臀部再上提一点，提肛缩阴，收紧骨盆底肌肉。

6.脊椎平衡式 |
调养专攻 防止水肿、改善肥胖

　　脊椎平衡式对于产后瘦身有很大的功效！可以加强身体活力，活化血液循环，预防水肿及肥胖。四足跪姿是水平面的状态，对腹腔和臀部不会造成很大的影响，在平衡背部肌肉群的同时，还能训练腰腹的力气。

▌▌▌ Please follow me！

●采跪姿（猫式的预备动作），吸气，把一只脚往上举起来，腿弯曲，手往前延伸，停留10~15秒再放松。

●这个动作是在训练躯干、大腿及臀大肌的力气。在做动作时手必须要尽量往前延伸，脚要上提，使出延展的力气，膝盖和股四头肌要朝向地板。

新手妈妈好用小道具

1.塑身衣

我推荐的这一款塑身衣有一个很棒的功能：就是在穿了8个小时之后，脱掉后2小时内仍有定型的效果。

这款塑身衣正确的穿法是：穿的时候胸部要往前倾，塑身裤要放在塑身衣里面，穿塑身裤时要站成大字形，先弯曲膝盖，让塑身裤可以完全紧实地包覆臀部，再往上推挤到合适的位置。

注意，塑身衣穿到正确的位置，塑身效果才会出来喔。虽然塑身衣是帮助瘦身很重要的工具，但是切记在穿了8个小时之后一定要脱掉。而且建议晚上睡觉时不要穿，以免造成过敏。

塑身衣可以帮助我们把身体的脂肪排出、肌肉定型，配合瑜伽动作，更能加强塑身的功效。例如在穿着塑身衣时，用腹式呼吸法加强腹部收缩，紧实腹部肌肉，腹部会变得更加平坦。

如何正确穿塑身衣

❶ 将束腹、上衣完全地包住身体后扣起扣子，但记得先把肚子的肉吸进去一点点，身体稍微往前倾，用手掌将背部、腋下副乳的肉通通集中拨到胸前。

❷ 确定没有多余的赘肉之后，再调整胸部的位置，最后将小腹旁边的肉完整地拨进马甲里去即可。

❸ 在穿塑身裤时，穿好之后往下蹲一下，让裤子和臀部可以贴合，记得要用手把臀部下面的肉再往上拨，臀部才会比较容易往上翘。

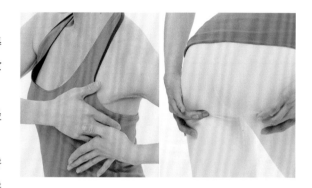

2.运动内衣

产后的妈妈运动时一定要穿运动内衣，因为如果胸部有奶水，会比较容易晃动。这一款是我最喜欢的运动内衣，主要是样式简单、包覆性大，支撑胸部、托高效果比较好。

更多关于睡好觉的舒眠安神瑜伽
请上FG视频美人教室http://video.fglady.cn/

3.甜杏仁油

甜杏仁油在很多地方都买得到，比较知名的精油品牌都有很纯的甜杏仁油出售。甜杏仁油是敏感肌肤的福音，因为它原本是用在baby的按摩上，可想而知它有多么地呵护肌肤。有些人的皮肤很敏感，很多产品都不能用，有异位性皮炎的人，甚至只要有一点点化学物质或是掺杂精油成分的东西就会容易过敏。对这类型皮肤的人来说，甜杏油是最好的选择，因为它的质地比较轻薄，不像橄榄油或是维生素E油那样质地浓稠，因此更容易被人体吸收，不会残留很久，也不会在夏天擦时，让人感觉老是浑身油腻腻的很难受。

甜杏仁油非常的天然、温和，而且可以食用，没有任何化学精油的成分。如果你正处于减肥的阶段，希望不要产生妊娠纹、肥胖纹，但又很想按摩，那么甜杏仁油是很棒的选择。它的价位比起精油或按摩霜来说要更便宜，适用于任何肤质，物美价廉。

4.哺乳卫生垫

做产后瑜伽的时候，如果还在哺乳期，为了防止乳腺分泌乳汁过多，造成溢乳的现象，我建议你使用哺乳垫。但是由于哺乳垫很厚，夏天用起来会觉得很热，如果你的体质很容易过敏，就会觉得更不舒服，再加上价钱昂贵，对于常常需要使用的人来说很不划算。

在这里教大家一个简单的、自制哺乳护垫的方法。把卫生棉或是护垫拿来剪成两半，再剪出稍微圆弧的形状来取代哺乳垫就可以了，很简单吧？这种自制的哺乳垫成本低廉，用起来也不会心痛。

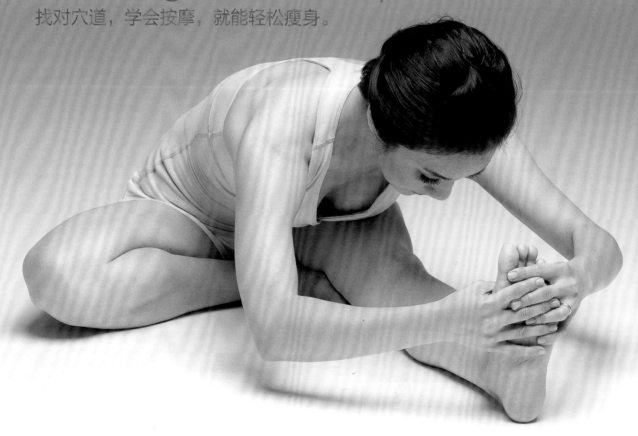

Chapter 18

LULU'S独家穴道按摩瘦身
How To Keep Shape With
Massage And Acupuncture

找对穴道，学会按摩，就能轻松瘦身。

我们人类所有的感觉器官中，最先发育及最敏感的就是触觉。如果你善用穴道按摩，不但可以增进血液及淋巴系统的通畅，还可以放松肌肉，达到瘦身美容的效果。在瘦身的过程中，多多利用穴道按摩，还可以使处在减肥期中的肌肉组织紧实而不下垂，不用担心瘦下来后肉变得松松垮垮的。

科学上相关的研究证明：当我们做轻抚或揉捏等按摩动作时，大脑中能产生叫做脑内啡的快乐激素，可以使我们的内分泌平衡，新陈代谢趋于正常，对于瘦身也有很大的帮助。

我在多年的瘦身奋战中，深深体会到按摩确实能让我们的肌肉线条更柔和，身体更健康。因此，我也非常鼓励大家在睡前，用短短几分钟的时间进行一次自我按摩。因为睡前是我们精神和身体都最放松的时候，同时也是最安静、最能够专注进行按摩的时间，而且过程也不容易被打扰，能完全享受按摩带来的效果。

建议大家都可以试试看利用自我按摩来让自己一夜好眠，按摩的时间贵在精而不在多。我们每天只要花5～10分钟，搭配使用瘦身乳液或自己喜爱的精油来保养，持续一段时间后，你一定可以看到很棒的效果。

{ 脸部穴道按摩 }

1. 巨髎穴

● 位置　位于颧骨底部。

● 做法　用双手大拇指从脸中间沿着颧骨底部，向上按压穴道，每次停留3秒。

● 功效　上提脸颊。

2. 迎香穴

● 位置　鼻翼两侧凹陷处。

● 做法　手指与脸部呈45°，沿鼻翼向内向下按摩。

● 功效　改善嗅觉疲劳、鼻塞，消除脸部浮肿。

3. 鱼腰穴

● 位置　眉毛中央正下方。

● 做法　用拇指向斜上方按压穴位。

● 功效　解决松弛下垂的眼睑。

4. 颊车穴

● 位置　沿着两鬓一直向下，脸部与颈部分界处。

● 做法　用食指与中指关节往下顺时针画圆圈。

● 功效　消除国字脸。

5. 印堂穴

● **位置** 两眉之正中间，正对鼻尖处。

● **做法** 在两眉正中间眉骨凹陷处按压。

● **功效** 人称锁眉就是锁此穴。美容上有消解抬头纹的功效。

6. 上廉泉穴

● **位置** 下颚正下方凹陷处。

● **做法** 用拇指轻轻按压穴道，重复按压、放松，反复刺激数次。

● **功效** 促进脸部排水，强化呼吸器官功能，增进身体抵抗力，预防感冒。

{ 丰胸塑胸穴道按摩 }

7. 中府穴

● 位置 乳头直上旁开两寸，锁骨下第二、第三根肋骨间。

● 做法 拇指与身体呈90°，用力往下按压。

● 功效 丰胸、改善副乳。

8. 天溪穴

● 位置 乳头旁两寸。

● 做法 拇指与身体呈90°，用力往下按压。

● 功效 丰胸。

9. 膻中穴

● 位置 两乳头连线正中。

● 做法 拇指与身体呈90°，用力往下按压。

● 功效 改善呼吸困难、咳嗽、胸闷、肋间神经痛、焦躁。

10. 日月穴

● 位置 乳头直下，第七肋间隙，旁开4寸。

● 做法 双手由乳房下方往上轮流轻轻顺推。

● 功效 治疗黄疸、唾液过多、呃逆、心情低落，有丰胸效果。

11. 乳根穴

●**位置** 乳头直下第五肋骨间隙。

●**做法** 拇指与身体呈45°，向斜上按压。

●**功效** 改善胸部、腹部胀痛，肋间神经痛，胸闷，预防胸部下垂。

●**做法** 双手由乳房外往内轮流轻轻顺推。

●**功效** 改善胸部、腹部胀痛，肋间神经痛，胸闷，预防胸部下垂。

12. 辄筋穴

●**位置** 自腋下中央，平乳头，第4肋间隙中。

●**做法** 手掌往内按压、集中胸部。

●**功效** 此穴位于胆经上，可治疗呕吐反胃、胃液逆流、胸中烦闷、呼吸不顺而引起的失眠，可消除副乳。

{ 腰腹部穴道按摩 }

13. 肾俞穴

●**位置** 位于肚脐正后方，腰部距离脊椎骨两指外的位置。

●**做法** 做这个穴道按压的时候，我们可以双手叉腰，大拇指稍微往后一点点，手肘也稍微往后弯一点点，用大拇指按住肾俞穴，身体稍稍往后仰，吸气时按压，吐气时身体再往前延伸。

●**功效** 对消除腰部赘肉、美化腰部线条有很大的帮助，可以促进老废物质的排泄。

14. 气海穴

● **位置** 位于肚脐下方2cm。

● **做法** 可以用大拇指稍微往内按压，慢慢地揉压。

● **功效** 这个穴道对于减肥有很大的帮助。按摩气海穴还有抑制食欲、镇定神经的效果。

15. 天枢穴

● **位置** 肚脐左右两侧约两指的位置。

● **做法** 天枢是两个点，我们可以用拇指放在天枢穴，吐气的时候用力往内按压，每天做5~10次。

● **功效** 可以刺激腹部脂肪的代谢，紧实腹部肌肉。

16. 水分穴

● **位置** 距离肚脐上方一指幅度的位置。

● **做法** 在吸气、吐气之后，用食指往中间慢慢地往下按压，也可以在按压时稍微搓揉一下。

● **功效** 水分和涌泉这两个穴道掌管肾脏、膀胱。水分代谢不好、水肿的时候按压这两个穴道可以让水分的代谢正常，消除身体浮肿。

（腹部其实很容易累积脂肪，如果我们配合穴道来做按摩的话会更有效果。要特别注意的是：我们讲到所有腹部的穴道，都必须在空腹的时候做按压。）

{ 手、腿、足部穴道按摩 }

17. 箕门穴

●**位置** 双手自然下垂时手掌中指指尖处。

●**做法** 在穴道处按压或按摩。

●**功效** 位于胆经上，按摩可帮助消除鼠蹊肿痛，强肝利胆，提高基础代谢及利尿。

18. 承扶穴

●**位置** 臀部下缘中央。

●**做法** 手掌轻扶住臀部向上提，中指向上按压穴道，让骨头也有刺激感。

●**功效** 使松软下垂的臀部变俏挺。

19. 肱中穴

●**位置** 位于我们手臂根部跟手肘连接线的正中央，但是是在手臂的内侧。

●**做法** 用大拇指往内按压穴道，配合揉压。

●**功效** 加快老废物质和水分的排出，去除手臂的肥胖和浮肿，促进手臂新陈代谢。

20. 解溪穴

●**位置** 位于脚踝关节前面中央的位置。

●**做法** 用大拇指稍微往内按压、搓揉。你可以坐下来，膝盖弯曲，用其他四指抓住脚踝，大拇指做揉捏，左右脚同时做，做10～20次。

●**功效** 这是解决下腹部肥胖比较有用的穴道，对于促进腹部和下肢的血液循环很有效果。

21. 合谷穴

●**位置** 位于手背上，大拇指和食指根部骨头交会的位置。

●**做法** 用左手抓住右手，大拇指在上，食指在下，往内按压合谷穴，再放开，也可以用揉捏的方式。

●**功效** 促进背部的新陈代谢、消除背部脂肪和赘肉。

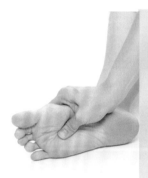

22. 涌泉穴

●**位置** 位于脚心上方一点点的位置，在脚的拇指侧及小指侧凸起部分交会的位置。也就是脚弯曲，脚指头收起来的时候凹下去的位置。

●**做法** 用大拇指往里按压。

●**功效** 涌泉穴掌管肾脏、膀胱，身体水分代谢不好的时候可以刺激它，以便排出体内多余的水分。

{ 呼吸法 }

1. 肋骨呼吸法

●**位置** 散坐，两手掌轻握肋骨两侧。

●**做法** 吸气，肋骨向左右推开；吐气，肋骨往中间收缩。

●**功效** 增加肺部空间，使呼吸深长。能够唤醒身体活力，提振精神，美化背部线条。

2. 腹式呼吸法

●**位置** 散坐，两手掌轻贴腹部。

●**做法** 吸气，腹部轻轻鼓起；吐气，腹部轻轻内收，手心感觉腹部的起伏。

●**功效** 呼吸较为深沉，可放松紧绷的肌肉，有安定思绪、稳定自律神经的功效，可消除腹部赘肉，紧实腹肌。

3. 蜜蜂式呼吸法

●**位置** 手指塞住耳朵。

●**做法** 吐气时发出"嗡"的声音，重复数次。

●**功效** 能够让焦躁不安的情绪平稳，有镇定精神的功用，可抑制食欲。

4. 自然呼吸法

●**位置** 散坐。

●**做法** 自然呼吸即可。

●**功效** 训练专注力，抑制食欲。

5. 逆腹式呼吸法(与腹式呼吸相反)

●**位置** 散坐，两手掌交叠放在肚脐下3～5cm处，背部拱起。

●**做法** 吸气，腹部轻轻内收；吐气，腹部轻轻鼓起，用手心感觉腹部的起伏。

●**功效** 可改善自律神经功能，提高脂肪与水分的代谢。

Chapter 19

美容塑身保养圣品独家大公开
LULU'S Slim Products Choice

减肥瘦身，除了多做瑜伽和多运动之外，还可以多多利用一些辅助产品来加速效果喔！

1. 按摩器具

当我涂精油或洗澡时，会配合这些器具来帮身体做按摩，尤其是大腿外侧、臀部。这两个部位很容易囤积顽固脂肪，配合使用按摩器具可以使减肥事半功倍。

2. 吗哪橘皮组织纤体精油

产后一般来讲都会产生橘皮组织，尤其是大腿、臀部的位置。橘皮组织是脂肪不正常的增生，要打散它，除了按摩、运动之外，精油也可以达到不错的效果。这一款纤体精油是专门用来对抗橘皮组织的精油，可以打散橘皮组织，加强血液循环，帮助促进新陈代谢。它的成分有葡萄柚、马郁兰、杜松子、广藿香、茴香，基底油是维生素E油，非常适合冬天做保养使用。可以每天都搽它做基础保养，就可以达到纤体及消除橘皮的功能，特别适合被橘皮组织所困扰的人使用。

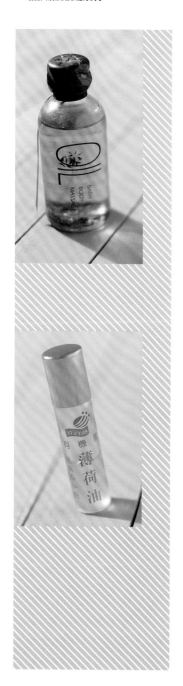

3. 塔里岛的纤体精油

我的最爱！除了纯天然的特点之外，它的包装也很特别，罐子的头是用橡胶整个封包起来的，所以密封性非常好。

这是我去塔里岛旅游时，在一家卖精油的工厂里买的。他们的精油非常便宜，而且质地很精纯，一罐精油才合20多元左右，里面的精油都是非常天然的。

选择瘦身精油，主要看其中是否有柠檬、葡萄柚、甜杏仁油的成分，有些精油还会加入一些像杜松子等可以排毒的元素，

4. 有机薄荷精油

这支有机薄荷精油适用于产后身体比较虚弱、需要提神时，或是在瘦身期间情绪比较低落时使用。

你可以把精油涂抹在太阳穴、鼻子下面人中附近，或是肩颈的部位。通常我会先把薄荷精油涂抹在肩颈，再用刮痧板轻轻地刮一下，会觉得非常舒服，整个人神清气爽，心情也会跟着好起来。

5. 亮骨膏

　　这瓶身体亮骨膏很适合参加派对或拍照时使用，只要把亮骨膏擦在大腿和小腿的内外侧，就会产生视觉上的瘦身效果，而且会让皮肤变得比较油亮、有光泽。

6. 雅诗兰黛纤盈动感极致纤体精华

　　它含有溶脂配方，有排水功能，可以有效燃烧体内多余的热量、消除水肿，让皮下脂肪的堆积减到最小。我会在运动之后擦这款纤体精华，因为我觉得运动之后，身体的新陈代谢加快，擦上去的瘦身膏会比较容易被吸收。这一款我还蛮喜欢的，而且它的质感很细致、不油腻，非常适合夏天使用，冬天使用也很舒服，有很好的滋润效果。

7. 雅诗兰黛纤体去角质霜

　　它里面含有海盐、丝瓜纤维、海藻等成分。海盐有平衡能量的效果，也可以帮助去除身体多余的水分。对于在瘦身同时，也想一并清洁毛孔、去角质的人而言非常有效。

8. 刮痧板

在身体比较容易浮肿的部位找出穴道，例如肩膀或大腿外侧，然后涂抹精油，用刮痧板做一个很简单的刮痧动作。通常我会在洗澡后，晚上涂抹精油时一边涂抹，一边刮痧，整个人的气血循环会变好，非常适合肩颈酸痛的人使用。

刮痧板还可以配合有机薄荷油一起使用。有时候我感觉比较疲惫的时候，会把有机薄荷油涂在头发上，再用刮痧板稍微刮一下头皮，就会觉得神清气爽，精神立刻提振。

9. 护唇膏

我在生产完后，感觉身体各部位都很干燥，尤其嘴唇更干。这支护唇膏是欧洲一个很知名的有机天然品牌，里面所含的矿物油成分比较高。使用后，就算你想要亲吻小baby也不需要担心会伤到他细嫩的肌肤了。

10. 腿部舒缓霜

常常必须久坐或久站的上班族，因为职业的关系，容易造成下半身循环不良、浮肿，更要特别注意静脉曲张的产生。这款产品是我最喜爱的护足霜，可以帮助我们有效地消除腿部水肿，很适合晚上回家后配合穴道按摩使用。它含有尤加利、法国欧薄荷、檀香、高针叶松等成分，对于消除双腿每日的疲劳和水肿有很好的效果。

11. 香草集窈窕专用按摩油

香草集的按摩油具有芳香调理的功效，不但能帮助紧实肌肤、提升肌肤弹性，还会让你的肌肤紧致平滑，特别适合那些循环不佳、易水肿、有橘皮困扰的人使用。LULU老师会在沐浴后拿来涂抹全身，涂抹的方式通常是由脚底开始向上按摩至大腿及臀部。建议你还可以针对腹部、大腿及腰臀等容易堆积脂肪的部位加强按摩。

....

美腿按摩法

需要长时间站立或久坐的人，容易出现下半身血液循环不佳的现象，所以要多做腿部按摩的动作。多按摩不但可以舒缓腿部的肿胀紧绷感，促进淋巴流动与血液循环，还可以帮助排除水肿、预防静脉曲张，让你的腿部线条越来越修长、漂亮。

按摩步骤

❶ 双腿均匀抹上按摩油。

❷ 双掌一前一后包覆住整个腿部，从脚踝开始由下往上轻推按摩，直到臀底鼠蹊淋巴汇集处。

❸ 双手再滑回脚踝处重新开始，重复此动作流程共4～5次。

有型，有智，生活才乐活，开启你的美丽生活

NO.1 达人老师系列

陆小曼独门发术

作者：陆小曼
定价：29.80元
2009.12出版

妆出美丽——从素颜到明星的神奇蜕变

作者：唐毅
定价：29.00元
2010.1出版

美装革命——造型天后的美丽秘笈

作者：谢丽君
定价：32.00元
2010.3出版

彩妆天王Kevin美妆宝典

作者：Kevin
定价：25.00元
2009.4出版

彩妆天王Kevin裸妆圣经

作者：Kevin
定价：25.00元
2009.1出版

彩妆天王Kevin裸妆圣经&美妆宝典（套装版）附赠80分钟 DVD教程

作者：Kevin
定价：58.00元
2009.12出版

露露胖公主变身记——从70kg大肥女到当红性感瑜伽天后

作者：LULU
定价：25.00元
2008.5出版

LULU'S好孕瑜伽——产前先修班
（附赠DVD光盘）

作者：LULU
定价：39.00元
2008.3出版

瑜伽天后LULU'S脊美瑜伽
（精华版）（附赠DVD光盘）

作者：LULU
定价：39.00元
2009.3出版

NO.2 Cosmo都市"智"女郎系列

我最想要的化妆书
（My Wannabe 系列）
作者：［韩］边惠玉
定价：29.00元
2010.1 出版

30年后，你拿什么养活自己?
作者：［韩］高得城 郑成镇
崔秉熙
定价：28.00元
2010.1 出版

喜欢照镜子的女人不会老
作者：［日］山村慎一郎
定价：25.00元
2010.1 出版

神奇巴娜娜！香蕉早餐减肥法
作者：［日］哈麻吉
定价：28.00元（全两册）
2009.7 出版

NO.3 Cosmo都市"型"女郎系列

零岁肌无纹美人

作者：三采文化
定价：25.00元
2009.12出版

变美变瘦代谢力决定

作者：三采文化
定价：25.00元
2009.12出版

内体质决定你的美丽

作者：三采文化
定价：25.00元
2009.12出版

美腰力，轻松塑造小
蛮腰
作者：三采文化
定价：25.00元
2009.12出版

不复胖，变身永瘦体质

作者：三采文化
定价：25.00元
2009.12出版

Magic勺子美颜小脸书
作者：
［日］小林浩美
定价：22.00元
2009.10出版

NO.4 Cosmo都市"乐活"女郎系列

我就是化妆品
达人

作者：张丽卿
定价：25.00元
2008.1出版

我就是化妆品
达人2——品牌
没有告诉你的
事
作者：张丽卿
定价：28.00元
2008.9出版

我就是化妆品
达人3——保养
品和你想的不
一样
作者：张丽卿
定价：28.00元
2008.9出版

3分钟美丽急
诊——神奇的美
容经络按摩26效
（送神奇刮痧板）
作者：邱胜美
定价：28.00元
2009.1出版

灰姑娘升职
计——20~30
岁OL职场百科
全书
作者：
[韩] 林庆琁
定价：25.00元
2009.1出版

女人变有钱
真简单

作者：
[韩] 李智莲
定价：25.00元
2008.10出版

做女人要有心
机

作者：
[韩] 二志成
定价：25.00元
2008.5出版

快乐人生7步骤

作者：[美] 玛
西·西莫夫
定价：29.80元
2008.9出版